Franz Bernhöft

Frauenleben in der Vorzeit

Franz Bernhöft

Frauenleben in der Vorzeit

ISBN/EAN: 9783743301894

Hergestellt in Europa, USA, Kanada, Australien, Japan

Cover: Foto ©Suzi / pixelio.de

Manufactured and distributed by brebook publishing software (www.brebook.com)

Franz Bernhöft

Frauenleben in der Vorzeit

Frauenleben

in der

Vorzeit.

Von

F. Bernhöft

Professor.

Wismar.

Hinstorff'sche Hof-Buchhandlung Verlags-Conto.

1893.

Meiner Frau

Martha.

Zu den charakteristischen Zügen der Gegenwart gehört das wachsende Interesse für Kulturgeschichte und Volkskunde. Der Grund dafür ist nicht allein das rein ideale Streben nach Belehrung und Erweiterung des Gesichtskreises. Freilich hat es einen eigenen Reiz, einem so modernen gesellschaftlichen Problem wie dem der Frauenemancipation in den Schriften griechischer Philosophen nachzugehen, oder das Verhältniß von Mann und Weib, Brautwerbung und Freien bei einer großen Völkergruppe durch Europa und Asien bis zum fernen Indien zu verfolgen. Aber wichtiger ist für uns praktische Menschen der Neuzeit die direkt verwertbare Ausbeute, das, was wir für das heutige Leben lernen. Denn die Cultur der einzelnen Nation ist kein in sich abgeschlossenes Ganzes. Kein Wesen läßt sich schwerer isolieren als der Mensch; durch Zuwanderung und Zwischenheiraten, durch Handel und Verkehr fluten Ideen und Sitten über die Grenze herüber und hinüber. Nur in dem Lichte der allgemeinen Culturgeschichte können wir die Eigenart unseres Volkes richtig würdigen, und in der Entwickelung des gesammten Menschengeschlechts finden wir das Verständnis für unsere eigene Zeit.

Freilich muß, wenn wir bis zu den Anfängen von Gesittung und Bildung zurückgehen, manche lieb gewordene Vorstellung schwinden. Denn die Menschen einer gesetz- und rechtlosen Zeit sind anders geartet als wir, ihr Wille ist zügelloser, ihre Mittel sind gewaltsamer, und selbst ihre zarteren Gefühle erscheinen uns mitunter in einer fast abschreckenden Gestalt. Was uns die graue Vorzeit von der Minne Lust und Leid zu sagen weiß, ist ein gar rauhes Lied von wilder, aber echter Poesie.

Die Brautwerbung in alter Zeit.

Uns allen ist aus Märchen und Sagen das Bild der ehefeindlichen Prinzessin wohl bekannt, die ihren Freiern Rätselfragen oder übermenschliche Aufgaben stellt, um sie, nachdem die Lösung ihnen mißglückt ist, erbarmungslos dem Tode zu weihen. Sie tritt uns unter den bunten Gestalten von Tausend und einer Nacht entgegen, taucht im Andersen'schen Märchen vom guten Kameraden wieder auf und hat als „Turandot" selbst ihre dichterische Verherrlichung gefunden.

Der Charakter ist uns kaum verständlich. Auch in dem Gewande moderner Kunstdichtung zeigt sich das Fremdartige, das Ungeheuerliche, welches in ihm liegt, noch unverhüllt, und dem Dichter ist es trotz alles Humors und poetischen Schimmers, welchen er darüber ausgegossen hat, nicht gelungen, uns den Grundgedanken des Schauspiels menschlich nahe zu bringen. Mag es sein, daß Turandot nur von dem glühenden Verlangen getrieben wird, ihre Mädchenfreiheit zu wahren; die Mittel, welche sie gebraucht, sind keine mädchenhaften, der ganze Hintergrund, auf welchem sich die Handlung abspielt, verletzt unser Gefühl, — man denke an die Worte:

"Die Köpfe alle, die dort auf dem Thore
"Zu sehen sind, gehörten Prinzen an,
"Die toll genug das Abenteuer wagten;" —

und wir vermögen weder die Prinzessin liebenswert zu finden noch ihren Liebhaber zu begreifen.

Sind sie lediglich lustige Märchengebilde oder gab es Zeiten, in denen solche Charaktere möglich waren? —

Bis auf den heutigen Tag ist in dem weitaus größten Teile Asiens der Brautkauf üblich. Völker verschiedenster Rasse zeigen in diesem Punkte eine merkwürdige Uebereinstimmung. Wir finden denselben Gebrauch in dem großen chinesischen Reiche, welches etwa ein Viertel sämmtlicher lebenden Menschen umfaßt, bei Indern und Persern, welche zur großen indogermanischen Völkerfamilie gehören, also unsere Stammverwandten sind, bei den Semiten Mittel- und West-Asiens und weiter nördlich bei den mannigfaltigen mongolischen Stämmen bis zu den Küsten des Eismeers. Bisweilen ist der Brautpreis durch Sitte oder Gesetz bestimmt, meistens wird er in langem Handeln und Feilschen von Bräutigam und Brautvater bedungen. Fast durchweg ist er sehr hoch, der Familie des Bräutigams wird dadurch ein so großes Opfer auferlegt, daß es für Aermere unerschwinglich ist. So geschieht es, daß den in Polygamie lebenden Wohlhabenden eine zahlreiche Klasse eheloser Männer gegenübertritt. Allerdings ist es oft üblich, daß die Frau von ihrem Vater eine Mitgift erhält, doch beträgt diese meistens so wenig, daß sie dem erlegten Brautpreis an Wert bei weitem nicht gleich kommt. Die Sitte der Kaufehe reicht bis in das europäische Rußland. Georgi, welcher dasselbe im vorigen Jahrhundert bereiste, erzählt z. B. von den Tschuwaschen, einer noch jetzt erhaltenen heidnischen Völkerschaft im Gouvernement Kasan: „Beim Heiraten hält ein Werber um ein Mädchen an und bedingt den Preis (Kalym) auf das genaueste. Der Preis für ein Mädchen ist gewöhnlich zwischen 20 und 30 Rubeln, man kann aber auch für 5 bis 10 Rubel eine Frau, wie sie ein Tschuwasch nötig hat, finden, sowie einige für ihr Mädchen bis 80 Rubel geben müssen." Die Preise waren, von unserm Standpunkt angesehen, ja recht wohlfeil, für ein so armes Volk wie die Tschuwaschen aber immerhin bedeutend. Die in der Nähe wohnenden, etwas wohlhabenderen Tscheremissen zahlten entsprechend mehr für ihre Bräute.

Früher muß der geschilderte Gebrauch viel weiter verbreitet gewesen sein, und es kann kaum einem Zweifel unterliegen, daß er einst ebenso in Europa wie heute in Asien die herrschende Eheform war. Die Griechen zur Zeit Homers kauften ihre Frauen, und Homer pflegt deshalb Jungfrauen mit Vorliebe als die „Rinder Einbringenden" zu bezeichnen, weil der Brautpreis in Rindern bestand. Erlaß desselben war eine große Vergünstigung: Agamemnon wollte z. B. dem grollenden Achilleus, um ihn zu versöhnen, seine Tochter ohne Brautpreis zur Ehe geben. Auch dem Odysseus wurde Nausikaa umsonst angeboten. Beide lehnten bekanntlich — wenngleich aus verschiedenen Gründen — ab. Später ist der Brautkauf bei den Griechen ebenso verschwunden wie bei den Römern, deren Recht in geschichtlicher Zeit nur geringe Spuren davon aufweist. Bei den Germanen aber war er noch zweitausend Jahre nach

Homer die regelrechte Form und oft sogar zu einer gültigen Ehe unerläßlich. „Der erbt nicht, dessen Mutter nicht mit einem Brautpreise gekauft ist, einer Mark Silber oder mehr," sagt das alte isländische Gesetzbuch.

Es ist nicht bloß moderne Sentimentalität, wenn man hierin eine entwürdigende Härte sieht. Das Mädchen wurde aus ihren bisherigen Familienverhältnissen herausgerissen, als Fremde trat sie in das Haus des Gatten und mußte sich unter Menschen, die ihr keineswegs immer ein sonderliches Wohlwollen entgegenbrachten, ihre Stellung erst erringen. Mancherlei Umstände erschwerten ihr noch die schon an sich nicht leichte Aufgabe. Da die Familienverbände damals viel mehr geschlossen waren als heute, so blieb der verheiratete Sohn meist im Hause seiner Eltern und damit in der Abhängigkeit von ihnen. Diese Abhängigkeit lastete dann naturgemäß auf der jungen Frau doppelt schwer. Die Schwiegereltern waren sehr geneigt, in ihr nur eine mit ihrem Geld gekaufte Arbeiterin zu sehen. In einem finnischen Volksliede empfängt eine alte Frau die ihr von ihrem Sohne zugeführte Schwiegertochter mit den Worten:

„Hochgepriesen sei, o Schöpfer,
„Gabst mir eine Schwiegertochter,
„Welche gut das Feuer schüret,
„Trefflich am Gewebe wirket,
„Kunstvoll ihre Spindel drehet,
„Ausgezeichnet ist im Waschen,
„In dem Walken der Gewänder."

Ich weiß nicht, ob eine junge Frau unserer Zeit sich durch die hiermit eröffnete Perspektive sehr angemutet fühlen würde. Es ist aber bei halbcivilisierten Völkern sehr gewöhnlich, daß die Eltern, welche die Braut meist wählen und — bezahlen, von ganz andern Gesichtspunkten geleitet werden, als es bei dem Sohne selbst der Fall sein würde. Die Eigenschaft als Ehefrau tritt sogar so sehr in den Hintergrund, daß bei vielen Völkern die seltsame Sitte entstanden ist, schon für unmündige Knaben von 5 bis 6 Jahren erwachsene Mädchen als Frauen zu kaufen, um ihre Arbeitskraft ausnutzen zu können.

Das traurige Schicksal des fortgegebenen Mädchens wurde auch trotz der Rohheit der zur Zeit herrschenden Anschauung als solches empfunden. Schon damals hörte man viel über die bösen Schwiegermütter klagen, slavische und finnische Volkslieder sind voll davon. Es ist damit aber stets die Mutter des Mannes, nicht die Mutter der Frau gemeint. In einem finnischen Liede klagt eine junge Frau:

„Stampfte grobes Mehl gar mühsam,
„Mit Geduld die großen Körner,
„Daß die Schwiegermutter äße,
. . .
„Selbst aß ich, die Schwiegertochter,
„Mehl vom Steine zur Genüge,
„An dem Tisch beim Ofenheerde
„Mit der Kelle es genießend."

Aber alle Genügsamkeit, alle Arbeitsamkeit war umsonst:

„Worte regneten hernieder,
„Stürzten über mich, die Arme,
„Wie die wilden Feuerfunken,
„Wie ein wahrer Eisenhagel."

Ueber bräutliche Empfindungen in alter Zeit geben gewisse Hochzeitsgebräuche, wie sie vielfach noch heute bestehen, gar seltsame Auskunft. Wenn die Freiwerber kommen, versteckt sich das Mädchen; bei der Hochzeit muß sie gewaltsam aus dem väterlichen Hause geschleift werden und folgt dem Gatten jammernd in die neue Heimat. Was heute meist nur noch des Wohlanstands wegen, um der Sitte zu genügen, geschieht, damit war es ursprünglich dem in die Fremde verkauften Mädchen völlig ernst. Jene Scenen wiederholten sich so regelmäßig, daß sie schließlich in der Anschauung des Volkes zu einer richtigen Hochzeit gehörten und selbst dann aufgeführt wurden, wenn in dem betreffenden Falle an sich kein Grund dazu vorlag.

Unter solchen Verhältnissen wird der Haß des Mädchens gegen die Freier bereits erklärlich. Man begreift es auch, wenn der Vater der Umworbenen diese Abneigung teilt. Häufig finden wir, daß ein vornehmer Mann seine Tochter überhaupt nicht verheiraten will, daß er in der Werbung um sie eine Beleidigung sieht, daß er es, wenn unter den vorliegenden Umständen eine Ablehnung des Antrages nicht gut möglich ist, als eine Demütigung empfindet und daher den künftigen Schwiegersohn, dem er nicht mit Gewalt entgegenzutreten wagt, durch listige Anschläge aller Art verfolgt. Dabei tritt uns der echt menschliche Zug entgegen, daß sich bisweilen das Mädchen eher mit der Sachlage aussöhnt als ihr Vater und dann für den verfolgten Bräutigam Partei ergreift. Ein bezeichnendes Beispiel für jene Auffassung der Werbung liefert das mittelalterliche Epos „König Rother". König Rother will um die Tochter des Kaisers zu Constantinopel anhalten; seine Gesandten werden freundlich aufgenommen, lassen sich aber, ehe sie ihren Antrag vorbringen, vorsichtigerweise Sicherheit ihres Lebens versprechen. Als nun der Kaiser die Werbung vernimmt, gerät er in fürchterlichen Zorn. „Wäre es meine Art," ruft er, „daß ich meine Tochter irgend einem Manne gäbe, so könnte ich sie deinem Herrn mit Ehren senden, aber noch nie hat ein Mann um meine Tochter geworben, der nicht sein Haupt verlor."

Um die große geographische Verbreitung dieser Anschauung zu zeigen, sei hieran ein anderes Beispiel aus der alten persischen Sagensammlung des Firdussi, dem „Heldenbuch von Iran", angereiht. Schah Cawus, so wird uns erzählt, vernahm, daß der Schah von Hamaveran eine liebreizende Tochter habe und sandte Boten, welche um sie werben sollten. Der Schah von Hamaveran wurde darüber sehr betrübt, denn er war nicht mächtig genug, um dem Freier im Kriege Widerstand zu leisten; da er sich aber auch von seiner Tochter Sewdabeh nicht trennen wollte, so entschloß er sich zur Verstellung und gab den Gesandten eine günstige Antwort. Sewdabeh selbst, als sie von dem Antrage erfuhr, war mit der Heirat wohl zufrieden, trotzdem blieb der Schah bei seiner Abneigung. Nachdem das Verlöbniß geschlossen war, lud er Cawus zu sich in seine Stadt Hamaveran ein, und dieser folgte der Einladung, obgleich er von Sewdabeh gewarnt worden war. Mit vielen Ehren ward er empfangen, mit großen Festlichkeiten bewirtet, eines Nachts aber überfiel ihn der Schah, nahm ihn gefangen und führte ihn auf eine Bergfeste. Als Sewdabeh das hörte, zerriß sie ihre Kleider und klagte laut über die Hinterlist ihres Vaters. Da ließ ihr Vater sie auch gefangen setzen und sandte sie zu ihrem Gatten auf die Feste. Dort blieben beide vereint in Haft, bis Cawus' Heer in das Land von Hamaveran hereinbrach, den Schah schlug und sie befreite.

Hiermit stehen wir bereits an der Grenze der Zeit vor der Kaufehe. Saxo Grammaticus, der nordische Geschichtsschreiber, erzählt, daß der dänische König Frotho diese eingeführt habe, weil sie dauerhafter sei, er habe gemeint, die eheliche Treue werde, durch den Brautpreis befestigt, sicherer sein. Man sieht, daß die Kaufehe gegenüber dem früheren Zustande als ein Fortschritt betrachtet wurde; und in der That war das berechtigt, denn dem Brautkauf ging der Brautraub vorher.

Die Ehe gilt heute als ein von der Natur gebotenes, durch göttliches und menschliches Recht geweihtes Verhältniß. Das war nicht immer der Fall. Einer uralten Anschauung erscheint die Ehelosigkeit als der gottgefälligere Zustand. Viel wissen die Sagen von den wundersamen Kräften einer „reinen Jungfrau" zu erzählen, die nach einer über Asien und Europa verbreiteten Ansicht Wasser in einem Siebe tragen kann, für deren Keuschheit Götter selbst durch unmittelbares Eingreifen Zeugniß ablegen. Auch für Männer gilt Aehnliches. Bei den Thrakern stand eine Klasse von frommen Einsiedlern, welche ohne Frauen lebten, im Geruche besonderer Heiligkeit, Griechen und Römer verlangten, obgleich im allgemeinen anders denkend, von gewissen Priestern und Priesterinnen — am bekanntesten sind die Vestalinnen — Ehelosigkeit. Die katholische Kirche hat die Idee aufgenommen und ihr in weitem Umfange Folge gegeben; moderne Sekten in Rußland und Amerika, z. B. die oft genannten Skopzen, verwerfen die Ehe ganz.

Wenngleich eine solche Anschauung natürlich niemals vollständig durchgeführt worden ist, so gab sie doch der oben erwähnten Abneigung gegen die Heirat einen festeren sittlichen Halt und hatte vielfach zur Folge, daß es an einem regelrechten Verfahren, eine Ehe abzuschließen, überhaupt mangelte. Dem Manne, der zu einer Frau gelangen wollte, blieben dann nur zwei Wege übrig: Gewalt und List.

Man könnte glauben, daß die Frauen unter diesen Verhältnissen eine noch niedrigere Stellung eingenommen hätten als unter der Herrschaft des Brautkaufes. Indessen schloß der Mädchenraub zum Zweck der Ehe von dem Standpunkte jener Zeit keineswegs eine so große Härte ein, wie wir anzunehmen geneigt sind. Regelmäßig verfiel damals der Gefangene dem Tode oder wurde Sklave, das gefangene Mädchen wurde dagegen zur Frau des Siegers erhoben. Selbst die Art, wie die Ehe zu Stande kam, hatte nichts, was das Gefühl verletzte: sie bot die beste Gewähr für die Tapferkeit und Furchtlosigkeit, d. h. für die Mannestüchtigkeit des künftigen Gatten. Diesem selbst war die Erbeutete ein kostbares, schwer errungenes Gut, um das er Mühsal und Gefahren aller Art übernommen hatte. Aber auch schon im Elternhause war die Stellung der heranwachsenden Töchter eine sehr viel günstigere. Saxo Grammaticus sagt, die Alten hätten ihnen freie Gattenwahl gestattet. Sie wurden also nicht, wie später, von ihrem Vater, Bruder oder sonstigen nächsten Verwandten gleich einer willenlosen Sache verkauft. Sofern sie sich überhaupt freiwillig zur Ehe entschlossen, entschieden sie selbst, wem sie sich als Gemahlin zu eigen geben wollten, oder sie versammelten ihre Freier und erprobten sie in Wettkämpfen, um nach sorgsamer Prüfung dem Würdigsten zu folgen. Die edelsten Männer fügten sich diesem Brauch, und groß war der Ruhm dessen, der endlich die viel Umworbene als Frau in seine Heimat führte.

Wenn wir die alten Volkssagen der verschiedensten Nationen durchgehen, so machen wir die Wahrnehmung, daß dies der Boden ist, dem die meisten von ihnen entsprungen sind. Kaufehe kommt bei ihnen kaum vor: der Mächtige braucht entweder Gewalt oder er wirbt um die Erwählte im Vertrauen darauf, daß ihn der Vater derselben aus Furcht nicht abweisen wird. Letzterem ist meistens nur die Wahl zwischen Gewährung oder Zweikampf gelassen, und selbst wenn der Antrag nicht von vorn herein in solcher kategorischen Form angebracht wird, kann niemand in Zweifel darüber sein, was im Falle der Weigerung droht. Der Geringere ist als Brautwerber schlimmer daran, er greift entweder zur List oder sucht sich durch lange und wertvolle Dienste bei dem Mädchen und ihren Verwandten einzuschmeicheln, um ihre Abneigung gegen die Verheiratung zu besiegen.

Ueber die große Verbreitung des Brautraubes ist in neuerer Zeit viel geschrieben worden. Er kommt bei den meisten Völkern, welche Kaufehe haben, gelegentlich noch vor, regelmäßig mit dem Willen der Braut (also als Entführung), bisweilen aber auch gegen denselben. Bei weiter fortgeschrittenen Völkern enthalten oft die Hochzeitsgebräuche Spuren davon. Denn der Raub galt als die heldenmäßigere Form der Eheschließung, er wurde daher zum Schein auch dann vorgenommen, wenn thatsächlich alle Beteiligten einig waren, und diese Simulation wurde in der Folge wieder zum ständigen Gebrauch. Daß er ursprünglich eben so weit verbreitet war wie etwas später der Brautkauf, geht auch aus anderen Erscheinungen hervor. Die älteren Gesetze sind voll von Strafbestimmungen gegen Entführung und Mädchenraub, zum Teil kommt sogar der Raubehe noch eine mehr oder weniger vollständige Geltung zu. Wir erkennen deutlich den Uebergang von denjenigen Zuständen, welche den Volkssagen ihr Gepräge aufgedrückt haben.

Diese Zustände haben nun allerdings mit den Verhältnissen eines zivilisierten Staates nichts gemein. Es war eine wilde Zeit, wo das Recht in der Faust des Mannes lag, wo der starke Räuber mehr Sympathien genoß als der schwache Beraubte. Die Achtung vor der Kraft war größer als die Heiligkeit des Familienlebens und selbst als die Würde des Königtums. Einem nordischen Kleinkönige, namens Olaf, geschah es z. B., daß eines Tages zwei Recken mit zehn Begleitern in seine Halle traten und verlangten, er solle entweder seine Tochter sofort zur Stelle schaffen oder sich zum Zweikampf rüsten. Da er zu schwach war, blieb ihm nichts übrig, als sich nach Hülfe umzusehen und dem Retter seine Tochter zu versprechen.

Der Weg der Gewalt war sogar beliebter als der Weg der Güte, und selbst der davon Betroffene stand unter dem Einfluß dieser Anschauung. Omund begehrt Esa, die Tochter des Normannenkönigs Ring, zur Gattin. Er leitet seine Werbung damit ein, daß er das Land seines künftigen Schwiegervaters unversehens überfällt, dessen Güter plündert und dessen Verwandten tödtet. Ring befand sich gerade in der Nähe von Island — um Seeraub zu treiben —, er kehrte eilens zurück, sein Volk zu schützen, und fiel in der Schlacht. Die Handlungsweise Omunds hatte ihm aber gleichwohl gefallen; tödtlich verwundet ließ er ihn rufen und beschwor ihn, sein Schwiegersohn zu werden, indem er versicherte, daß er sich gerne in sein Schicksal ergebe, wenn er seine Tochter einem solchen Manne hinterlasse. Omund betrauerte ihn mit **vielen** Thränen, heiratete seine eine Tochter und gab die **andere** an einen Waffengefährten.

Daß der Sieger die Tochter oder Gattin des Besiegten zur Frau nahm, war fast zur Regel geworden; war er selbst bereits versorgt, so verkaufte er sie. Auch Prinzessinnen unterlagen diesem Schicksal. So wurden von den gefangenen Schwestern Jarmerichs eine nach Norwegen, die andere nach Deutschland zur Ehe verkauft. Die Gefühle des erbeuteten Weibes oder Mädchens wurden dabei nicht sonderlich geschont, es scheint aber, daß auch sie unter der Herrschaft der allgemeinen Anschauung standen und sich in das, was sie nicht vermeiden konnten, mit guter Miene fügten.

Andererseits pflegten kühne Mädchen ihren jungfräulichen Stand selbst zu verteidigen und sich nur dem zu ergeben, der stark genug war, um sie zu überwältigen; häufig wurden förmliche Kämpfe zwischen dem Freier und der Umworbenen veranstaltet.

„Den Stein soll er werfen und springen darnach,
„Den Speer mit mir schießen: drum sei auch nicht zu jach,"
sprach Brunhild zu Gunthers Gesandten, und Gunther erwiderte: „Königstochter hehr:
„Erteilt mir, was ihr wollet, und wär es auch noch mehr,
„Das beständ ich alles um euren schönen Leib.
„Mein Haupt will ich verlieren, so ihr nicht werdet mein Weib."

Auch Wettlaufen zwischen dem Freier und der Braut war üblich, und von dieser Sitte wird nordisch die Hochzeit als „Brautlauf" bezeichnet: alles Gebräuche, welche unmittelbar an die Raubehe anschließen. —

Das Beispiel des Königs Ring zeigt, daß ein schönes Mädchen zu einer ernsten Gefahr für ihre Familie werden konnte. Wahrscheinlich erklärt sich hieraus die weit verbreitete Idee, daß die Geburt eines Mädchens ein Unglück ist, und die damit zusammenhängende, bei vielen Völkern Asiens noch jetzt vorkommende Unsitte, weibliche Säuglinge zu töbten. Natürlich wurde die Not um Frauen dadurch noch größer. Die Mädchen, welche man anzog, pflegte man möglichst sorgfältig vor aller Männer Augen zu hüten. Märchen erzählen von unzugänglichen Türmen im Meere, welche heranwachsenden Königstöchtern zum einsamen Aufenthalt angewiesen wurden, von unterirdischen tief versteckten Gemächern; sie berichten von Schlangen und wilden Tieren, welche die der Welt entrückte Jungfrau bewachen mußten. Dem rechten Freier aber war kein Hinderniß zu groß, er fand das tiefste und entlegenste Versteck und bestand furchtlos die Wache haltenden Ungetüme.

Indeß war auch das Schicksal der Freier nicht beneidenswert. Ueberall hatten sie Gefahren zu fürchten: von ihren Mitbewerbern, von dem Vater des Mädchens und von dem Mädchen selbst. Auf jegliche Art suchte man sich ihrer zu entledigen; man sah sie gewissermaßen als vogelfrei an und pflegte in Betreff der Mittel nicht wählerisch zu sein. Freilich waren sie, wie wir gesehen haben, ein zudringliches Geschlecht. Wie der Kaiser in dem Epos „König Rother" alle hinrichten ließ, die um seine Tochter warben, so töbtete auch die schottische Königin Hermutrud ihre Freier. Eben so häufig fielen die Freier heimlichen Nachstellungen zum Opfer. Man lud sie z. B. zu einem großen Gastmahl, ermordete sie dabei und stellte ihre auf gespießten Köpfe — anderen zum Exempel — vor dem Gemach des Mädchens aus. Die Abschlachtung der Freier der Penelope durch Odysseus zeigt, wie man bei den Griechen bisweilen mit ihnen verfuhr. Nirgends fanden sie Sicherheit, wer schon am Ziel zu sein glaubte, dem war oft gerade eine Falle gestellt, die ihn mit äußerster Lebensgefahr bedrohte. Regner warb um die kriegerische Jungfrau Lathgerd. Diese nahm den Antrag zum Schein an und lud den Liebhaber zu einem Stelldichein in ihr Haus, in dem Flur aber sperrte sie einen Bären und einen Hund ein. Als Regner nun ohne Begleiter eintrat, empfingen ihn die Untiere; diesmal freilich versagte die List, denn ohne Zaudern durchbohrte der Recke das eine von ihnen, das andere faßte er mit gewaltiger Faust an die Gurgel und erdrosselte es. So erlangte er die Jungfrau.

Der Freier, der nicht hoffen konnte, mit Gewalt oder offener Drohung zum Ziele zu gelangen, griff zur List. Es galten dabei alle Mittel als recht. Er nahm Dienste bei dem Vater des Mädchens und suchte so Gelegenheit, diesen günstig zu stimmen, oder, falls das nicht gelingen sollte, einen Brautraub zu versuchen. Oft wählte er eine Verkleidung, mitunter gab er sich selbst als Bettlerin oder Dienerin aus. Von dem Gotte Odhin ging bei den Germanen folgende Sage. Odhin hatte erfahren, daß ihm nur von der Königstochter Rinda der Sohn geboren werden würde, der den ermordeten Balder zu rächen bestimmt war. Deshalb nahm er bei dem Vater der Rinda Kriegsdienste und wurde von ihm zum Feldhauptmann gemacht. Er erfocht einen glänzenden Sieg und schlug bald darauf bei einer anderen Gelegenheit ganz allein ein feindliches Heer in die Flucht. Nun entdeckte er dem Könige seine Liebe und wurde günstig aufgenommen. Als er aber im Vertrauen auf die Zustimmung des Vaters die Jungfrau um einen Kuß bat, empfing er von ihr eine Ohrfeige. Im nächsten Jahre kam er in neuer Verkleidung als Goldschmied. Er schmiedete kostbaren Schmuck, ein wunderbar kunstvolles Armband und Ringe in Menge, aber die Liebe der spröden Jungfrau konnte er nicht erringen: als er um einen Kuß bat, erprobte er zum zweiten Mal ihre schlagfertige Hand. Er kehrte als stolzer Ritter wieder und that sich durch Reiterkünste aller Art hervor, doch ihren starren Sinn zu beugen gelang ihm nicht. Endlich legte er Mädchenkleider an, ward ihre Dienerin und erreichte durch List sein Ziel.

Die Finnen weisen, obgleich zu einem anderen Sprachstamm gehörend, eine weit gehende Aehnlichkeit mit den nordgermanischen Völkern auf. Kalewala, ihr Nationalepos, welches durch eine Uebersetzung von Schiefner allgemein zugänglich geworden ist, kennt Eheschließung durch Raub und List als regelmäßig geübte Sitte. Die mit köstlicher Naivetät gezeichnete Figur des „muntern Lemminkäinen", wie ihn das Epos nennt, giebt uns eine lebendige Anschauung von den damals herrschenden Verhältnissen. Der muntre Lemminkäinen wollte auf Brautwerbung gehen. Seine Mutter warnte ihn, die Mädchen würden ihn auslachen, und in der That geschah es so. Aber

„Wenig achtet's Lemminkäinen,
„Trat in Dienst als Hirtenknabe,
„War bei Tage auf der Weide,
„Nachts beim Jubel froher Mädchen,
„Bei den Spielen dieser Jungfrau'n,
„Bei dem Tanz der Zopfgeschmückten."

Da war denn der Spott bald gedämpft:
„Keins der noch so keuschen Mädchen,
„Die er nicht alsbald umfaßte
„Und an ihrer Seite weilte."

Nur die schöne Kyllikki machte sich weder aus ihm noch überhaupt aus Freiern etwas und suchte ihm mit schnöden Worten jede Hoffnung zu benehmen, daß sie ihn je erhören werde. Lemminkäinen aber paßt die Abendstunde ab, wo die Mädchen auf der Wiese tanzen, fährt mit seinem Hengst, einem „auserwählten Pferde", mitten auf den Spielplatz,
„Rafft Kyllikki in den Schlitten",
und jagt von dannen.

Wie der Brautraub mit dem Zunehmen der Gesittung dem Brautkauf Platz machte, so hat das Erlisten der Braut unter dem Einfluß neuerer Ideen mehr und mehr seinen Charakter verändert und ist zum Erdienen geworden. Dem Vater des Mädchens lag die Erwägung nahe, daß im Grunde doch der Ehestand die naturgemäße Bestimmung seiner Tochter war, und daß er schließlich, je schöner sie war, um so weniger eine Entführung würde hindern können. Mancher hielt es daher für klüger, zuzulassen, was doch nicht zu vermeiden war, und aus den Umständen möglichsten Nutzen zu ziehen. So behielt denn der Vater den fremden Mann in seinem Dienst, obgleich er seine wahre Absicht ahnte, ja selbst, nachdem der Fremde sich ihm entdeckt hatte. Die Handlungsweise erscheint uns, so logisch sie ist, dennoch seltsam; indessen weist die Ethnologie Beispiele auf, welche ihr noch heute vollkommen entsprechen. Im Kamtschatka tritt der junge Mann bei dem Vater seiner Auserwählten in Dienst. Er beabsichtigt dabei, diese mit Gewalt oder List zur Ehe zu bringen. In Stellers Beschreibung von dem Lande Kamtschatka heißt es: „Wenn jemand von den Italmenen heiraten will, so kann er auf keine andere Art zu einer Frau kommen, als er muß sie dem Vater abdienen. — Giebt ihm die Letztere (die Braut) Zeichen von ihrer Gunst, so spricht er den Vater alsdann erst um die Tochter an und erkläret die Absicht seiner Dienste, oder die Eltern sagen selbst zu ihm: nun du bist ein sehr fertiger und fleißiger Mensch, fahre also fort und sehe zu, wie du deine Braut bald betrügest und überkommst." Die Uebergangsstufe zwischen Erlisten und Erdienen der Braut kann nicht besser geschildert werden. Der Wohlanstand fordert übrigens, daß die italmenische Braut sich in jedem Falle wenigstens zum Scheine heftig sträubt.

Die nächste Entwickelungsstufe ist, daß der Dienst selbst als Entgelt für das Mädchen betrachtet wird. Das Erdienen der Braut tritt dann in Parallele zu dem Brautkauf. Die Sitte kommt bei asiatischen Völkern öfter vor, bisweilen auch neben dem Brautkauf in der Art, daß der Reiche seine Frau kauft, der Arme um sie dient. Ein schönes Beispiel des Erdienens giebt die Bibel in der Erzählung von Jacobs Brautwerbung: „Und Jacob gewann die Rahel lieb und sprach: Ich will sieben Jahr um Rahel, deine jüngste Tochter, dienen. — Laban antwortete: Es ist besser, ich gebe sie dir, denn einem anderen; bleibe bei mir. — Also dienete Jacob um Rahel sieben Jahre, und däuchten ihm, als wären es einzelne Tage, so lieb hatte er sie."

Es lag für das Mädchen und ihre Verwandten nahe, die Bereitwilligkeit des Jünglings in ähnlicher Weise, wie es Laban that, auszubeuten. Die alten Sagen erzählen viel von großen und vielfältigen Aufgaben, **die dem Freier gestellt wurden.** Wer sich in einer Gefahr befand, versprach für seine Rettung, wer einen Feind hatte, für dessen Besiegung seine Tochter. Sehr häufig ist es, daß der Erretter eines Mädchens zum Lohn dieses selbst erhält: hierher gehören alle Erzählungen von dem Besieger des Riesen oder Drachen, der die geraubte Jungfrau in einer Felsenhöhle gefangen hält und zur Ehe zwingen will; daß der Sieger die Befreite heiratet, versteht sich überall ganz von selbst. Es kommt auch vor, daß eine Prinzessin aus einem vormals mächtigen Geschlecht Wiedereroberung des Reiches verlangt, welches einst ihr Vater besessen hatte. Oft wurde dem Freier das Gegenversprechen nicht einmal gehalten. Ausflüchte wurden ersonnen, neue Aufgaben gestellt, und unermüdet zog der soeben siegreiche Recke wiederum in die Gefahr. Einem jeden wird das Märchen von dem tapferen Schneiderlein in Erinnerung sein, das sieben Fliegen mit einem Schlag getödtet hat, dann mit der Aufschrift „sieben auf einen Streich" keck an den Königshof geht, ein Gegenstand der Furcht und des Schreckens für alle, und in der Folge durch List und Zufall die wunderbarsten Heldenthaten verrichtet, bis ihm endlich die Königstochter nicht mehr verweigert werden kann. Die Figur stammt aus einer Zeit, wo man bei den veränderten Verhältnissen die Motive der alten Sagen lächerlich zu finden begann, und ist eine wohl gelungene Karrikatur des rohen und trotzigen Kriegsmannes der Vorzeit, der in seiner Unbändigkeit seinem Herrn selber Furcht einflößt, aber ohne Zaudern in dessen Dienst sein Leben wagt und Aufgabe nach Aufgabe unverdrossen übernimmt.

Wenn man bei dem Fortschreiten der soeben geschilderten Entwickelung dahin gelangte, das Mädchen nicht mehr als einen gefahrbringenden, schwer zu hütenden Schatz, sondern vielmehr als ein nutzbares Gut anzusehen, aus dem man möglichst vielen Vorteil zog, so war die alte Anschauung doch viel zu zähe, um sogleich völlig beseitigt zu werden. Sie hielt sich sogar noch da, wo es schon zur herrschenden Sitte geworden war, daß dem Freier Aufgaben gestellt wurden, und hatte zur Folge, daß das Mädchen oder ihre Verwandten häufig diese Aufgaben selbst als Abschreckungs= mittel benutzten. Denn da jeder abgewiesene Freier sich in einen erbitterten Feind verwandelte, so vermied man gerne die ausdrückliche Abweisung und verlangte statt dessen absichtlich unmögliche Arbeiten, auf die so die Energie des Werbenden abgelenkt wurde. Die alte An= schauung zeigte sich dabei noch so mächtig, daß man häufig auf das Mißlingen den Tod setzte und die Köpfe der Hingerichteten zur Warnung für andere öffentlich ausstellte. Darin fand die damalige Zeit nichts Anstößiges, denn es erschien billig, daß, wer ein großes Gut erringen wollte, auch seinerseits ein großes Gut einsetzte. Uebermut und Liebe machten freilich auch dieses Schreckmittel illusorisch. Der König Siward verbarg seine Tochter in einem engen Ge= mache, welches von Schlangen bewacht war, und bestimmte, daß, wenn jemand vergeblich versuchen würde einzutreten, ihm das Haupt abgeschlagen und auf einem Pfahl auf= gespießt werden sollte. Alf, durch die Gefahr angelockt, besiegte die Schlangen; die Prinzessin wurde ihm gleichwohl unter Vorwänden verweigert, und er errang sie erst durch weitere schwere Kämpfe.

Einen anderen idealeren Zweck erhielt die Dienstzeit,

wenn sie zur Probezeit wurde. Natürlich waren die geforderten Arbeiten dem Stande und den Verhältnissen angemessen. Wenn Jacob unter den damals nomadisierenden semitischen Stämmen das Vieh seines künftigen Schwiegervaters hütete, so werden bei den kunstfertigen Finnen besonders gerne schwierige Schmiedearbeiten verlangt; am häufigsten ist in den Sagen die Figur des Necken, der als Kriegsmann dient. Wer alles zur Zufriedenheit verrichtete, bewies damit zugleich, daß er der Erwählten würdig war und fähig, sie zu erhalten und zu beschützen. Die rechtlosen Zustände legten jedem sorgsamen Vater den Wunsch nahe, seine Tochter nur einem außergewöhnlich starken und mutigen Manne zur Frau zu geben, deshalb verlangte er sehr oft keine Arbeit, die ihm selbst zu Nutzen gekommen wäre, sondern statt dessen Proben von Kriegstüchtigkeit. Ein beliebtes Probestück war die Führung des Bogens. Denn der Bogen, eine sehr gefürchtete Waffe in damaliger Zeit, erforderte große Kraft und eine durch lange Uebung erworbene Geschicklichkeit. Penelope wollte dem als Gattin folgen, der den Bogen des Odysseus spannen und gleich ihm das Ziel treffen könnte, indessen war es keinem möglich, den Bogen zu spannen. Freilich hatte auch diese Aufgabe nur den Zweck, die Freier hinzuziehen. Vielleicht war es um dieselbe Zeit, als im fernen Indien der sagenhafte König Drupada den Freiern seiner Tochter ein ähnliches Probestück stellte. Von dem Wunsche beseelt, den berühmten Schützen Arjuna zum Schwiegersohn zu erhalten, ließ er einen gewaltigen Bogen machen, den niemand spannen konnte außer Arjuna, und richtete hoch in der Luft das Ziel auf. „Hört, ihr versammelten Könige," verkündete der Bruder der Prinzessin, „dies ist der Bogen, dies ist das Ziel, und dies sind die Pfeile! Trefft das Ziel durch die Oeffnung des Gerüstes mit diesen fünf geschärften Pfeilen! Fürwahr, ich sage, der Edle, Herrliche und Starke, der dieses große Probestück vollbringt, soll unverzüglich meine Schwester Krischna zum Weib erhalten!"

Neben die Probe der Kraft trat die Probe des Scharfsinns, denn trotz der Rohheit der Zeit schätzte man den Scharfsinn der physischen Kraft gleich an Wert. Die Lösung von Rätselfragen war eine nicht seltene Aufgabe, viele von ihnen sind uralt und finden sich bei geographisch weit entfernten Völkern wieder: man denke an das Rätsel von dem Jahr mit Monaten und Tagen, von Tag und Nacht und andere. Bisweilen muß der Freier oder sein Gesandter das Mädchen unter anderen herausfinden, was an den Gebrauch erinnert, daß die Braut sich vor dem Werber versteckt. Dieser wird aber immer noch nicht mit sonderlich günstigen Augen angesehen, er ist vor Nachstellungen keineswegs sicher und muß bisweilen für den Fall des Mißlingens selbst sein Haupt verwetten. Ich führe, der Uebersetzung von Görres folgend, eine Erzählung aus Firdussi's „Heldenbuch" an, welche diese Uebergangszeit vortrefflich charakterisiert. Schah Feridun warb für seine drei Söhne um die drei Töchter des Schah von Yemen. Der Schah von Yemen wurde traurig, denn er glaubte ohne seine Töchter nicht leben zu können. Weil er aber Feridun fürchtete, so lud er die Freier zu sich. Feridun wußte wohl, was er im Schilde führte, und sprach zu seinen Söhnen: „Ein Rätsel wird euch der Schah vorlegen, er wird die Jungfrauen euch vorführen und fragen: welche ist die Aelteste an Jahren, welche die Mittlere, welche die Jüngste? Sie sind sich in allem gleich, niemand kann sie unterscheiden. Die Jüngere aber wird vorangehen, die Aeltere zuletzt, daran sollt ihr sie erkennen." So belehrt reisten die Jünglinge nach Yemen. Ein Heerhaufen ward ihnen entgegen gesandt, Männer und Weiber kamen aus Yemen und streuten Gold und Edelsteine, wohin ihr Fuß trat. Ein Schloß nahm sie auf, einem Paradiese gleich, die Thore von Silber und Gold. Der Schah führte ihnen seine drei Töchter vor, und sie antworteten, wie ihr Vater ihnen aufgetragen hatte. Da gab er ihnen seine Töchter, die Aelteste dem Aeltesten, die Mittlere dem Mittleren, die Jüngste dem Jüngsten. Darauf bereitete er ein großes Mahl und ließ süßen Wein in Fülle bringen, sie aber tranken von dem Weine sparsam. Als es Abend wurde, bettete er sie unter einen rosenduftenden Baum und ließ zauberkundig einen heißen Wind über das Land brausen, daß alles Laub auf den Bäumen welkte. Die Jünglinge aber standen mutig der Gefahr und blieben unversehrt. Wohlbehalten fand sie der Schah, als er am andern Morgen kam. So mußte er sie tief bekümmert mit den Jungfrauen von dannen ziehen lassen. „Böses ist mir von Feridun gekommen," sprach er zu sich, „ein übles Gestirn waltet über dem, der Töchter besitzt."

Es würde nicht schwer sein, aus dem Märchenschatze der verschiedensten Völker zahlreiche weitere Beispiele beizubringen, ein genaueres Eingehen ist indessen nicht nötig, weil jeder das Angeführte aus dem, was ihm bekannt ist, leicht ergänzen kann. Nur eine Tibetanische Sage möchte ich erwähnen, weil sie zeigt, wie es selbst in der Zeit der Kaufehe noch vorkommt, daß dem Freier heikle Aufgaben gestellt und Fallen aller Art bereitet werden. Srongbsan

Gambo, König von Tibet, warb um die Prinzessinnen von Balbo und China. Er sandte zuerst Mergen Temune, seinen Minister, nach Balbo und gab ihm fünf geprägte Goldstücke als Begrüßungsgeschenk für den König, einen Helm von Lasurstein, mit Rubinen reichlich verziert, als Preis für die Braut, endlich drei verschiedene Briefe, indem er ihn belehrte, wie er sich zu verhalten habe. Dewahla, der König von Balbo, nahm die Werbung ungünstig auf, doch fügte er hinzu: „Da du eine weite Reise gemacht hast, so will ich dich nicht ohne Antwort entlassen. Reise zu deinem Könige zurück und frage ihn, ob er bereit ist, die Religion Buddha's einzuführen. Ist er dazu bereit, so will ich ihm meine Tochter geben." Seinem Auftrage gemäß öffnete der Gesandte das erste Schreiben und es fand sich darin das Versprechen, die buddhistische Religion im Lande Tibet einzuführen. Dewahla war bestürzt, doch verbarg er seine Furcht und fuhr fort: „So reise zurück und frage, ob man bei euch auch Tempel zu bauen versteht." Der Gesandte öffnete das zweite Schreiben, und es fand sich darin das Versprechen, durch übernatürliche Kunst hundert und acht Tempel zu bauen, die Pforten alle nach der Gegend von Balbo gerichtet. Noch eine Forderung stellte Dewahla, doch gab das dritte Schreiben Antwort darauf. Da versprach er mit schwerem Herzen seine Tochter. Nun sandte der König von Tibet Mergen Temune, seinen Minister, nach China. Er gab ihm einen rubinenbesetzten Harnisch von Lasurstein als Brautpreis und wiederum drei Briefe mit. Mergen Temune fand bei dem Kaiser von China vier andere Gesandtschaften vor, die alle um die Prinzessin warben. Alle wurden vorgelassen, nur an die von Tibet dachte man nicht. Der Gesandte stellte sich aber dem Kaiser entgegen, als er zu einer Lustfahrt den Palast verließ, und brachte seine Werbung an. Erstaunt über seine Kühnheit erhob der Kaiser ähnliche Forderungen, wie früher der König von Balbo, wieder gaben die drei Schreiben Antwort darauf. Unwillig kehrte der Kaiser in seinen Palast zurück. Man beriet hin und her und beschloß endlich, die Gesandten schwierige Aufgaben lösen zu lassen. Mergen Temune war der einzige, der die Aufgaben lösen konnte. Gleichwohl ward er immer wieder mit allerlei Ausflüchten hingehalten. Endlich versprach der Kaiser, seine Tochter demjenigen Gesandten für seinen Herrn mitzugeben, der sie unter dreihundert gleichgekleideten Jungfrauen herausfinden würde. Eine Dienerin verriet Mergen Temune, woran er die Prinzessin erkennen könne: „Sie ist den übrigen gleich an Wuchs, an Gestalt und selbst an Schönheit, doch hat sie einen so süßen Geruch, daß beständig eine Biene um sie zu schweben pflegt, auch trägt sie Zeichen auf der Stirn und den Wangen, und ihren Sitz wird sie nach der siebenten von der linken Seite einnehmen." Vielleicht war das letzte Merkmal das beste, jedenfalls fand Mergen Temune allein von den Gesandten die Prinzessin und gewann sie so für seinen Herrn.

Fernhin nach Asien hat uns der Gang der Untersuchung geführt, und noch erübrigt eine kurze Betrachtung des indischen Rechts. Es darf uns nicht wunder nehmen, daß die Inder bei ihrer Verwandtschaft mit den Germanen und der Mehrzahl der europäischen Völker auch in Sitten und Gebräuchen viele ähnlichen Erscheinungen aufzuweisen haben. Da wir bei ihnen die Kulturgeschichte vollständiger und weiter zurückverfolgen können, als irgendwo anders, so eröffnen sie uns das Verständniß für manche Institute, die sich bei uns nur vereinzelt erhalten haben und daher für sich allein kaum erklärlich sein würden. Am Beginn der uns bekannten Entwickelung steht wieder ein Nationalepos, das Mahabharata, an Umfang Ilias und Odyssee vielmals übertreffend. Es schildert sowohl in seiner Haupterzählung wie in einer großen Zahl eingelegter Episoden die Sitten der Kschatrija d. h. der Kriegerkaste, und eine spätere brahmanische Ueberarbeitung hat zwar vieles geändert und hinzugesetzt, den Grundstock aber dennoch erkennbar gelassen.

Ein Kschatrija kann sich auf dreierlei Art verheiraten: in gegenseitigem Liebesbunde mit der Erwählten („Gandharva-Ehe"), durch Brautraub („Rakschasa-Ehe") oder durch die Gattenwahl der von ihm Umworbenen. Diese Eheformen sind für die Kriegerkaste noch in den Gesetzbüchern anerkannt, sogar zu einer Zeit, da der Brautkauf („Asura-Ehe") bereits verboten war. „Die Verbindung von Jüngling und Jungfrau mit gegenseitigem Verlangen ist die sogenannte Gandharva-Ehe, geschlossen zu liebevoller Umarmung und entsprungen aus sinnlicher Neigung." „Das Fortschleppen eines Mädchens aus ihrem Hause, während sie weint und um Hülfe ruft, nachdem ihre Vettern und Freunde im Kampfe erschlagen oder verwundet sind, und deren Häuser erbrochen sind, das ist die Rakschasa-Ehe." So heißt es in dem Gesetzbuch von Manu. Gattenwahl kommt später nur noch ausnahmsweise vor, wenn nämlich der Vater die rechtzeitige Verheiratung seiner Tochter versäumt, früher scheint sie die Regel gewesen zu sein. Wer seine erwachsene Tochter zu verheiraten wünschte, der setzte einen Tag zur Gattenwahl fest. Von weit und breit strömten dann die Könige und Fürsten herbei, um sich in Speer- und Bogenkämpfen mit einander zu messen. Die Sage meldet, daß zur Gattenwahl von Damajanti, Nals späterer Gemahlin, selbst Götter erschienen.

Daneben bestand aber der Brautraub vollkommen zu Recht. Wer den Mut hatte, unternahm es bisweilen, aus der Mitte der versammelten Kriegsmänner die Jungfrau zu entführen. Als der König von Katschi die Gattenwahl seiner drei Töchter angesetzt hatte, erschienen, so erzählt das Mahabharata, unzählige Herrscher aus allen Gegenden. Nachdem sie sämmtlich bei Namen aufgerufen worden waren, trat der gewaltige Bhischma auf, nahm die Mädchen auf seinen Wagen und rief: „Manche kaufen ihre Bräute, und manche rauben sie; Könige loben die Gattenwahl; aber die Weisen haben gesagt, daß das Weib teuer zu schätzen ist, welches im Kampfe mit den Gegnern aus der Menge der zur Gattenwahl eingeladenen Fürsten und Könige geraubt worden ist. Deßhalb, ihr Herrscher, nehme ich diese Mädchen mit Gewalt. Streitet mit mir, so gut ihr könnt, mich zu besiegen oder besiegt zu werden; ich stehe hier, entschlossen zum Kampf." Gleichwohl zeigt sich bei allem Trotz auf die Kraft und aller Vorliebe für gewaltsame Handlungsweise ein milder Zug. Denn Bhischma entließ die älteste der erbeuteten Jungfrauen, als sie erklärte, sie habe in ihrem Herzen bereits den König von Saubha gewählt, und er habe sie in seinem Herzen als seine Gemahlin angenommen; sie würde ihn auch bei der Gattenwahl erkoren haben. Die anderen Schwestern verlobte er seinem Bruder.

Brautkauf ist dem Mahabharata bereits bekannt, aber bemerkenswerter Weise als vereinzelter Gebrauch gewisser

Familien. Bhischma suchte später für seinen Neffen Pandu eine Gattin und hielt bei dem König der Madra um dessen Schwester an. „In meinen Augen," erwiderte der König, „giebt es kein anderes Geschlecht als das deinige, mit dem ich mich verschwägern kann. Aber es besteht von unseren Urvätern her ein Gebrauch in unserer Familie, den ich — er sei nun gut oder schlecht — nicht übertreten kann. Dir ist unsere Familiengewohnheit wohl bekannt." Da gab ihm Bhischma viel Gold, gemünztes und ungemünztes, und unzählige kostbare Steine, Elephanten, Pferde und Wagen, Kleider und Schmuck, Perlen und Korallen. Der König nahm den Brautpreis mit fröhlichem Herzen an und gab ihm seine Schwester.

Unwillkürlich fragt man, ob das Verhältniß von Mann und Weib in der Anschauung der älteren Völker einen tieferen sittlichen und gemütlichen Gehalt hatte. Die Frage muß, so seltsam es nach dem soeben Ausgeführten klingen mag, unbedingt bejaht werden. Was uns roh und abstoßend dünkt, schildern die Volkslieder in hoher poetischer Schönheit. In dem Brautraub sah man die Bethätigung echter Manneskraft, er war die eblere Form für die Eheschließung und haftete so fest in der Erinnerung des Volkes, daß er in vielen und mannigfaltigen Gebräuchen zum Scheine noch festgehalten wurde, nachdem er aus dem Rechte längst verschwunden war. In dem Erdienen der Braut einen poetischen Kern zu finden, scheint uns fast unmöglich, und doch ist dieser in dem Rittertume voll entwickelt worden. Denn der Minnedienst ist nichts als eine Fortbildung des Erdienens der Braut, so wie unser heutiges „Courmachen" — kulturgeschichtlich betrachtet — eine letzte Resterscheinung der uralten Sitte ist.

Bernhöft, Frauenleben.

Freilich darf man, um jene Verhältnisse zu verstehen, nicht außer Acht lassen, daß es sich um eine gewaltige von tiefen Gegensätzen bewegte Zeit handelt, die im Guten wie im Bösen größer war als die unsrige. Wenig Ideen hat die Kultur entwickelt, die nicht schon bei Beginn der Geschichte nachweisbar wären, ihre Thätigkeit hat sich auf dem Gebiet der Sitte vorzugsweise dahin gerichtet, eine Ausgleichung für dasjenige zu finden, was ursprünglich schroff und unvermittelt einander gegenüber stand. Auch hier wird ein Beispiel belehrender sein als eine abstrakte Ausführung. Das Nibelungenlied in seiner deutschen Form hat, wie bekannt, zum Grundmotiv die bis ins Uebermaß getriebene Gattenliebe. Um ihren erschlagenen Gemahl zu rächen, lockt Kriemhild listig ihre Verwandten in die Falle, treibt Helden über Helden in den Tod, läßt ihren gefangenen Bruder Gunther hinrichten und schlägt Hagen mit eigener Hand das Haupt ab. In direktem Gegensatze dazu hat die nordische Bearbeitung zum Grundmotiv die über Gattenliebe gehende Bruderliebe gemacht. Der sterbende Siegfried ruft seiner Gattin zu, die hier Gudrun heißt:

„Gräm dich, Gudrun, nicht so schwer,
„Blühende Braut! Deine Brüder leben!"

Auch hier wird Gudrun später Atli's (Etzels) Frau, aber sie wendet ihren Zorn nicht gegen ihre Brüder, sondern rächt sie im Gegenteil, nachdem sie von Etzel erschlagen sind, auf unmenschliche Weise. Sie tödtet Etzels Söhne, die auch die ihren sind, dann Etzel selber und verbrennt das Haus mit allem Gesinde. Neben der rohen Ursprünglichkeit solcher Handlungsweise nehmen sich die Konflikte moderner Dramen aus wie neben einem zackigen Felsen eine vom Gartenkünstler zierlich hergerichtete Grotte.

Aehnliche unvermittelte Gegensätze finden wir, wohin wir blicken. Wie Brautdienst und Brautraub gleichberechtigt neben einander stehen, wie der allezeit willige Diener unversehens zum gefährlichen Feinde wird, sobald ihm die rechte Gelegenheit zur Ausführung seiner Absichten gekommen scheint, so erblicken wir neben der Frau, die mit leichtem Sinn dem mächtigen Besieger ihres Mannes folgt, die in aller Not getreue Gattin, die den landflüchtigen Gemahl durch Wälder und Wüsten ohne eine Klage begleitet und selbst den Gestorbenen im Tode nicht verläßt, weil ihr das Leben ohne ihn nicht lebenswert erscheint. Denn weder das eine noch das andere war selten in jener Zeit.

Ueberhaupt ist die Gattenliebe ein von den Alten gern und oft behandeltes Thema. Aus der schönen Episode des Mahabharata „Nal und Damajanti" kennt jeder ein solches Beispiel, ein anderes, wo die Frau willig den Kerker des Gemahls teilt, ist oben aus dem persischen Heldenbuche des Firdussi angeführt worden. Aehnliche Erzählungen finden wir in deutschen Sagen. Das schönste Beispiel treuer Gattenliebe bietet vielleicht die Odyssee. Sie zeigt uns auf der einen Seite Odysseus, der von der Nymphe Kalypso zurückgehalten am öden Gestade sitzt und unablässig Tage lang in das Meer hinausspäht, um nur noch einmal den Rauch von Ithaka aufsteigen zu sehen und dann zu sterben; auf der anderen Penelope, die um den fernen Gemahl trauernd, in steter Sorge um das Leben ihres Sohnes, mit ungebeugtem Mut List über List ersinnt, die übermütigen Freier hinzuhalten. Und daran knüpft sich ein fein beobachteter, echt menschlicher Zug. Denn da der lang Ersehnte endlich zurückkehrt, durchschaut die Gattin seine Verkleidung nicht und wagt es nicht einmal, ihm Glauben zu schenken, als er sich zu erkennen giebt.

Die kulturgeschichtliche Bedeutung des Märchens.

Die märchenkundigen Großmütter sind heute selten geworden, und früher als einst beginnen unsere kritischen Kleinen auf „die Geschichten, die ja gar nicht wahr sind", mit unverhohlener Mißachtung herabzublicken. Dem Märchen ist dafür ein eigentümlicher Ersatz geworden. Mehr und mehr hat sich das wissenschaftliche Interesse ihm zugewandt; aus den Kinderstuben ist es in die Bibliotheken geflüchtet und harrt dort in verstaubten Bänden des Forschers, um ihm von dem Denken und Fühlen längst vergangener Zeiten Kunde zu geben.

Sage und Märchen sind beide dem unbewußt schaffenden dichterischen Triebe des Volksgeistes entsprungen. Wie ihrem Ursprunge nach, so sind sie auch in ihrem inneren Wesen nah verwandt. Freilich haftet die Sage an bestimmten Orten und bestimmten hervorragenden Persönlichkeiten; das Märchen spielt in Nirgendsheim, es nennt seine Helden oft nicht einmal mit Namen und scheint, von allen realen Verhältnissen los gelöst, lediglich dem Reich der Phantasie anzugehören. Aber ursprünglich ist es als wirklich gedacht, es entspricht den Anschauungen des Volkes, dem es seine Entstehung verdankt, und dessen Zeit, und übt auch heute noch seinen vollen Zauber nur auf das naive Kind, dem es als wirkliches Geschehniß gegenüber tritt.

So spiegeln denn bei aller Gleichförmigkeit des Stoffes die Märchenkreise verschiedener Völker die tiefgehenden Gegensätze wieder, welche in den socialen Verhältnissen, den sittlichen und religiösen Anschauungen herrschen.

Beginnen wir mit dem Orient. Das Einleitungsmärchen zu der großen Märchensammlung des Inders Somadeva erzählt:

Im Zorn verwünschte die Göttin Parvati zwei Diener ihres Gemahls, als Menschen geboren zu werden, und bestimmte ihnen, daß sie vom irdischen Dasein befreit werden sollten, wenn sie den Weisen Kanabhuti auf dem Vindja-Gebirge antreffen würden. Nach langem und ruhmvollem Erdenleben begegneten sie dem greisen Einsiedler, bei seinem Anblick erinnerten sie sich ihres göttlichen Ursprungs und wurden von dem Fluche erlöst.

Hier werden wir bereits mitten in den religiösen Ideenkreis der Inder versetzt. Wir erkennen die Anschauung, daß Götter und hochbegnadete Menschen durch ihren Willen das Schicksal bestimmen, daß ein Mann, der seiner göttlichen Natur unbewußt lange auf Erden gewandelt hat, sich plötzlich seines wahren Ursprungs entsinnen kann, daß alles Erdenwallen nur die Folge eines alten, in einer früheren Existenz begangenen Fehlers ist, und daß die Erlösung davon der Endzweck unseres Strebens sein soll.

Ein anderes Märchen erzählt: Bibhuma, ein Diener des Indra, sah eine der himmlischen Tänzerinnen, und beide entbrannten in Liebe zu einander; da verwünschte sie Indra: „Steigt in die Welt der Sterblichen hinab, dort sollt ihr als Gatte und Gattin leben." Nach der Auffassung der Inder ist es eben im Grunde die eigene sinnliche Begierde, welche die ihrem Wesen nach göttliche Seele in die irdischen Regionen hinunterzieht.

Die Lehre von der Seelenwanderung und die Idee, daß die Schicksale des Menschen nur Nachwirkungen seiner Thaten in einer früheren Existenz sind, durchzieht die gesammte indische Litteratur. In Märchen, Legenden, vor allem in dem indischen Nationalepos, dem Mahabharata, finden wir sie ausgeprägt und bisweilen Erzählungen von großer poetischer Schönheit zu Grunde gelegt. Oft kommt es vor, daß zwei glückliche Gatten wünschen, auch künftig ebenso vereint zu sein, darauf in ihrem nächsten Dasein als Jüngling und Jungfrau sich begegnen und, von geheimer Sympathie zu einander gezogen, den in ihrer Vorexistenz begründeten Liebesbund auch für ihr jetziges Leben erneuern. In einer buddhistischen Legende thut ein frommes Ehepaar sogar den Wunsch, in Zukunft stets vereinigt zu sein; ihr Gebet ward erhört und in allen folgenden Generationen wurden sie, eine unendliche Reihe von Zeitaltern hindurch, immer wieder Gatte und Gattin — was manchen modernen Eheleuten denn doch etwas zu lange scheinen möchte.

Mit dieser innigen Auffassung der Ehe scheint uns

freilich die Vielweiberei unvereinbar zu sein. Nicht so dem Inder, für ihn ist es kein Widerspruch, daß ein Mann für mehrere Frauen treue Liebe hegen kann. Mit lebhaften Farben schildert uns Somadeva das Glück, welches der König Udajana im Besitze von Vasavadatta und Padmavati genoß, die sich wie Schwestern liebten. Noch charakteristischer ist die Erzählung von dem tapfern Brahmanen Vidushaka. Vidushaka wanderte nach dem unendlich fernen Udaja-Berge, um seine geliebte Gattin Badhra, eine himmlische Nymphe, zu suchen. Unterwegs hatte er Gelegenheit, zwei andere Frauen zu erwerben und zu heiraten. Nach kurzen Flitterwochen zog er, von seiner Sehnsucht getrieben, jedesmal weiter und fand endlich Badhra, die ihm zu Liebe auf ihre göttliche Zaubermacht verzichtete und ihm folgte. Auf der Rückkehr nahm er seine beiden andern Frauen mit, vergaß auch ein Mädchen nicht, welches ihm versprochen, aber treulos vorenthalten worden war, und traf glücklich mit vier Frauen in seiner Heimat ein, wo ihn eine fünfte sehnsuchtsvoll erwartete.

In dem muhamedanischen Märchenkreise, welcher durch die Sammlung „Tausend und eine Nacht" wohl bekannt ist, fällt vor allem der gewaltthätige Charakter der orientalischen Herrschermacht ins Auge. Schon die Rahmenerzählung versetzt uns in eine unsern sittlichen Anschauungen völlig fremde Welt. Ein Sultan, der von der Untreue seiner Frauen erfährt, verurteilt diese unverzüglich zum Tode und fordert nunmehr jeden Tag von seinen Unterthanen ein Mädchen, welches er sogleich heiratet, am andern Morgen aber unerbittlich hinrichten läßt, damit er sicher ist, nicht wieder betrogen zu werden. Daß ein

Herrscher treue Diener wegen geringer Versehen am Leben straft oder sie mit dem Tode bedroht, falls es ihnen unmöglich sein sollte, einen Befehl auszuführen oder eine seiner Launen zu befriedigen, ist eine sehr gewöhnliche Sache. Von Harun Alraschid „dem Gerechten" wird es so oft erzählt, daß es fast die Regel bildet, wie er seinem Willen Nachdruck zu geben pflegt. Unschuldige Frauen werden, weil ein Angehöriger von ihnen entflohen ist, den beschimpfendsten Strafen unterworfen. In der Erzählung „Albonbukani" läßt der Khalif einigen seiner Unterthanen, welche einen Auftrag empfangen sollen, prophylaktisch je zweihundert Hiebe auf die Fußsohlen geben, — „um sie desto eifriger zu machen", wie der Erzähler sagt, — und teilt ihnen erst nach dieser Vorbereitung mit, was sie zu thun haben. Die Idee, daß zwischen Fürst und Volk ein sittliches und rechtliches Verhältniß mit gegenseitigen Pflichten besteht, ist bei den Orientalen nicht zur vollen Entwickelung gekommen. Die Folge davon ist auf der einen Seite die Schrankenlosigkeit der Herrschergewalt, auf der andern das Fehlen einer sittlich begründeten Unterthanenpflicht. Eine Empörung gilt als eine zwar gefährliche, aber durchaus nicht frevelhafte Handlung, und eine mit Gewalt oder List durchgeführte Revolution ist kein Verbrechen, sondern je nach den Umständen eine gelungene Heldenthat. Den Einfluß dieser Anschauung könnte man bis in die neueste Geschichte der muhamedanischen Völker verfolgen.

An einem gewissen naiven, rohen Gerechtigkeitssinn fehlt es gleichwohl nicht. Für die orientalische Volksansicht von einer guten Rechspflege ist der bekannte salomonische Urteilsspruch charakteristisch, und wir finden in der Märchen-

sammlung von Tausend und einer Nacht schöne Parallelen
dazu. Durch Geistesschärfe die Wahrheit zu finden, den
Verbrecher zu überlisten und der wohlverdienten Strafe
entgegenzuführen, ist die vornehmste Aufgabe des orientalischen Richters. Aber gerade deshalb hängt die Art
des Gerichtsverfahrens gänzlich von der Willkür des Richters
ab, und gewissenlose, bestechliche Beamte mißbrauchen
häufig ihre Gewalt. Erfährt freilich der Herrscher davon,
dann ist die Strafe so barbarisch, wie es dem Geist des
Zeitalters entspricht: der Khalif läßt z. B. den Schuldigen
grausam hinrichten und mit seiner Haut den Richterstuhl
überziehen, zur Warnung für den Sohn, der auf demselben
als Nachfolger Platz nehmen muß.

In den religiösen Anschauungen fehlt die Idee der
Seelenwanderung. Genien beleben, an Macht und Wissen
über dem Menschen stehend, auch hier die Märchenwelt
und werden unter dem Einfluß der muhamedanischen Lehre
als gute und böse Geister d. h. als Anhänger und Gegner
Allahs unterschieden. Der Glaube an Zauberei ist allgemein, doch hängt er nicht mehr innig mit dem gesammten
sittlichen Ideenkreise zusammen. Auch die Inder kennen
Zaubersprüche, aber ihnen bleibt dabei stets gegenwärtig,
daß das Wort nur als Ausdruck des Willens Bedeutung
hat, und daß dieser das eigentlich Wirksame bei Segen
und Fluch ist; die Zauberei ist nur eine Konsequenz des
Glaubens an die Willensmacht gottbegnadeter Menschen.
Im muhamedanischen Märchen ist diese Idee erloschen.
Zwar ist die ursprüngliche Form erhalten, und der Zauber-
spruch erscheint noch immer als Befehl, aber als das
Wesentliche gilt jetzt das Wort, und dieses äußert seine
Wirkung, gleichviel, aus wessen Munde es kommt, und

gleichviel, ob es absichtlich oder versehentlich ausgesprochen wird. Von tieferen religiösen Problemen schweigt das muhamedanische Märchen ganz, selbst die religiösen Pflichten faßt es nur von ihrer äußerlichen Seite auf und geht nirgends über die volkstümlichen Vorstellungen hinaus.

Das Familienleben empfängt sein Gepräge natürlich durch die Vielweiberei. Aber es machen sich bereits abenbländische Einflüsse bemerklich. Eifersucht ist bei den Frauen nicht selten, und die Männer zeigen sich bisweilen zu Zugeständnissen mehr bereit, als wir es nach unsern Begriffen von den Orientalen erwarten würden. In der Erzählung von Gülnare heiratet der Sultan eine neu angekaufte Sklavin und entläßt ihr zu Liebe alle seine bisherigen Weiber. Mitunter wissen Frauen eine Untreue sehr energisch zu rächen. Der weibliche Einfluß ist keineswegs gering, etwas wie Pantoffelregiment macht sich sehr deutlich bemerkbar, und die Herrschaft der Frau im Hause gilt als vollkommen berechtigt. Die Erzählung von dem geizigen Kadi tritt dafür mit aller Entschiedenheit ein. Der Kadi hatte die Gewohnheit, reiche Mädchen zu heiraten und sie als seine Frauen auf die kärglichste Kost zu beschränken: sobald sie sich darüber beklagten, schnitt er ihnen die Haare ab, schied sich von ihnen und behielt ihre Mitgift ein. Zuletzt kam er an die Unrechte. Sie bestahl seine Kasse und bewirtete ihn mit dem gestohlenen Gelde, indem sie vorgab, von ihren Verwandten Speisen erhalten zu haben. Bald darauf spielte sie ihm einen so argen Possen, daß er dem allgemeinen Gespött preisgegeben wurde und sogar die Stadt verlassen mußte. Schließlich sah er sein Unrecht ein, gelobte Besserung und versprach, seiner Frau das häusliche Regiment zu übergeben.

Das Märchen ist, wie die gesammte Kultur, von Osten nach Westen gewandert. So finden wir in Europa viele orientalische Erzählungen wieder. Aber sie haben sich, um Bürgerrecht zu erlangen, den fremden Anschauungen anpassen und außerdem vielfach uralten, einheimischen Sagenstoff aufnehmen müssen. Alles, was an Vielweiberei erinnert, ist natürlich ausgemärzt. Zauberformeln kommen häufig vor, fast durchweg noch in der Form des Befehls, z. B.

Tischlein, deck' dich!

oder

Hinter mir Nacht und vor mir Tag,
Daß mich niemand sehen mag!

Ihre Wirkung steht aber unerklärt da, und der Zauberglaube steht mit der Weltauffassung in keiner innigeren Verbindung mehr.

Durchweg beruht das europäische Märchen auf den Anschauungen der niederen Volksschichten. Wir sehen den lieben Gott, öfter Christus, die Apostel und Maria auftreten und in menschlicher Art ihrem traditionellen Charakter gemäß handeln. Der immer wieder betrogene „dumme Teufel" erfreut sich einer besonderen Popularität. Gewisse christliche Lehren, wie die Lehre von der Allweisheit und Allgüte Gottes, die von dem kurzsichtigen Menschen oft verkannt werden, zieht das Märchen in seine Darstellung und bringt sie volkstümlich zur Anschauung. Volkstümlich ist natürlich auch die Auffassung von Himmel und Hölle.

Dem entspricht der moralische Gesichtskreis. Ein roher Gerechtigkeitssinn waltet auch hier, und nach langen Leiden kommt die verfolgte Unschuld endlich doch zu ihrem

Recht. Daneben wird aber mit unverhohlener Sympathie von gelungenen Listen erzählt, die der heutige Strafrichter unbedenklich unter den Betrugsparagraphen subsumiren würde. Man empfand damals weniger fein, und die Bauernschlauheit stand in hoher Achtung. War gar der Teufel das Objekt derselben, so galt jeder Vorteil.

Es ist beim ersten Blick auffällig, daß dabei der Teufel stets als der Ehrliche auftritt, der treu sein gegebenes Wort hält, aber von dem schlaueren Menschen um seinen Lohn geprellt wird. Aus der christlichen Lehre ist für die eigentümliche Rolle, welche er spielt, keine Erklärung zu gewinnen; der Teufel ist hier an die Stelle des dummen und ehrlichen Riesen der vorchristlichen Sage getreten. Auch in der Riesensage erscheint der Mensch meist als der Schwächere, aber Schlauere.

Einen verhältnißmäßig niedrigen Stand der sittlichen Lebensanschauung zeigen auch die zahlreichen Tölpelmärchen. Einigen von ihnen liegt allerdings der Gedanke zu Grunde, daß die innere Tüchtigkeit zwar lange verkannt werden kann, schließlich aber doch den Sieg behält. Dahin gehört die Geschichte von dem Jungen, der das Gruseln lernen wollte, denn der wahre Grund des Erfolges ist nicht die Dummheit, sondern die Furchtlosigkeit des verachteten Hans. Vielfach aber verbirgt sich unter der Dummheit nicht die Tüchtigkeit, sondern mit einer gewissen humoristischen Behaglichkeit erzählt das Märchen, wie die Albernheiten des Tölpels durch günstige Zufälle zu seinem Glücke ausschlagen, während die Ueberlegung der klugen Brüder zu Schanden wird. Auch damit reproduziert es eine weit verbreitete Volksansicht. „Die dümmsten Bauern bauen die größten Kartoffeln", sagt der mecklenburgische Landmann noch heute.

Am naivsten ist die Auffassung der politischen Verhältnisse. Die Könige gleichen im Sprechen und Handeln reichen Bauern auf ein Haar. Regierungsgeschäfte haben sie nicht eben viel. Die Rechtspflege ist äußerst roh, wie sie es in alter Zeit wirklich war, man entscheidet in sehr summarischem Verfahren auf Grund von augenfälligen Indizien, Fehlurteile kommen häufig vor. Die schuldlos verdächtigte Frau und ihre Schicksale sind ein ständiges Thema. Das Märchen zeigt ein tiefes und seiner Zeit wahrscheinlich wohl begründetes Mißtrauen gegen die Zuverlässigkeit der gerichtlichen Urteile. Die Strafen sind äußerst hart: Vierteilen, Verbrennen, Blenden sind gewöhnlich; oft wird der Verbrecher in einem mit Nägeln gespickten Fasse einen Berg heruntergerollt. Alles das sind keine Phantasiegemälde, sondern es entspricht in der älteren Zeit der Wirklichkeit. Wenn die böse Stiefmutter sich in glühend gemachten eisernen Schuhen zu Tode tanzen muß, so fehlt es dazu nicht an geschichtlichen Parallelen; man denke an die grausige That Kaiser Heinrichs VI., welcher italienischen Empörern glühende eiserne Kronen auf ihre Häupter nageln ließ.

Unter einander sind die einzelnen Märchenkreise wenig verschieden. Die europäischen Völker bilden in kulturgeschichtlicher Beziehung eine nach Religion und Sitte ziemlich homogene Gruppe. Oft würde man — abgesehen von Namen und lokalen Verhältnissen — nicht entscheiden können, ob ein russisches oder italienisches Märchen vorliegt.

Vereinzelt tritt freilich hier und da ein auffälliger charakteristischer Zug hervor. So steht in der Sammlung süditalienischer Märchen, welche Kaden mit dem Titel

"Unter den Olivenbäumen" veröffentlicht hat, statt der schönen Königin ein König täglich vor dem Spiegel und fragt:

> Lieber Spiegel, wer gefällt
> Dir noch mehr auf dieser Welt?

Lange erträgt das seine Gemahlin, endlich ruft sie:

> Lieber König, gieb doch Ruh',
> Einen Schönern giebts als du.

Zornig verlangt er, daß sie ihm bei Todesstrafe einen Schöneren nennen solle. Es gelingt ihr, einen solchen in Erfahrung zu bringen, und sie giebt die Auskunft: "Schöner als Ihr ist der Sohn des Kaisers von Frankreich, der in sieben Schleiern verhüllt ist." Der König reiste nach Frankreich, um sich selbst zu überzeugen. Wie nun die Schleier einzeln von dem "Sohn des Kaisers von Frankreich" gehoben wurden, leuchtete ein immer stärkerer Glanz hervor, und als der letzte Schleier gefallen war, stand der Kaisersohn in strahlender Schönheit vor ihm. Da reiste er zurück und starb in drei Tagen, vor Gram, daß er nicht der Schönste war. Die verwittwete Königin heiratete dann schließlich den Prinzen.

Zu diesem vor dem Spiegel stehenden Könige bilden die nordischen ungeschlachten Tölpel einen eigentümlichen Gegensatz.

Ueber die Stellung der Frauen im Altertum.

("Nord und Süd" XXX.)

Es ist eine weit verbreitete Ansicht, daß die Frauen in der modernen Welt eine ungleich höhere Stellung haben als im Altertum. Man führt dafür herkömmlich eine Reihe von Gründen an, welche auf Treu und Glauben hingenommen zu werden pflegen, obgleich sie mit den geschichtlichen Thatsachen keineswegs übereinstimmen und teilweise sogar unter einander im Widerspruch stehen.

Am häufigsten kann man hören und lesen, daß das weibliche Geschlecht erst durch den Einfluß des Christentums zur vollen Geltung gelangt sei. Nun ist allerdings richtig, daß das Christentum im Verhältniß zu dem Muhamedanismus und vielen heidnischen Religionen die Frauen begünstigt; aber gerade hinter denjenigen Religionen, welche im Altertum auf europäischem Boden herrschten, steht es in diesem Punkte entschieden zurück. Es gab bei den Griechen, den Römern und Germanen Priesterinnen vom höchsten Ansehen, und in dem Cultus einzelner Gottheiten nahmen die Frauen eine leitende Stellung ein, während den Männern sogar die Teilnahme an den Hauptfesten derselben untersagt war. Der römische Flamen Dialis mußte verheiratet sein und dankte bei dem Tode seiner Frau ab; die Flaminica hatte gewissermaßen an dem Amte ihres Mannes Teil und wurde in Folge dessen einem ähnlichen umständlichen Ceremonial wie dieser selbst in Bezug auf ihre ganze Lebensweise unterworfen. In Athen war die Frau des geistlichen Archonten (ἄρχων βασιλεύς) selbst Priesterin und hatte wichtige Opfer für die Gemeinde zu verrichten. Vergleicht man hiermit die Institutionen der christlichen Kirche, so glaubt man fast eine den Frauen feindliche Tendenz zu erkennen. Mulier taceat in ecclesia, die Frau hat keine Stimme in kirchlichen Angelegenheiten, sie kann kein Priesteramt bekleiden und ist im Cultus auf eine passive Rolle beschränkt. Die verheirateten Männer haben keine besondere Qualification zum Kirchendienst, sondern die römisch-katholische Kirche schließt sie sogar von den höheren Weihen aus, und von der Teilnahme der Frau an dem Amte des Mannes findet sich keine Spur. Auch pflegt noch heute von der Kirche die Unterordnung und Gehorsamspflicht der Frau im Einklange mit der Bibel etwas stärker betont zu werden, als es im Rechte, und viel stärker, als es im socialen Leben üblich ist.

Wir finden ferner die Ansicht, daß die Frauen um so höhere Achtung genießen, je höher die Cultur des betreffenden Volkes ist. Sie scheint von den Franzosen auszugehen, die hier, wie auch sonst bisweilen, das, was bei ihnen gilt, ohne Weiteres zu dem Vollkommensten gestempelt und auf diese Weise einen neuen Titel für den Anspruch beigebracht haben, an der Spitze der Civilisation zu marschieren. Hätten die Erfinder dieses Satzes sich mit den geschichtlichen Thatsachen etwas genauer bekannt gemacht, so würden sie sich überzeugt haben, wie mißlich alle Abstractionen bei unzureichendem Material sind. Es würden, wenn sie Recht hätten, noch keineswegs die Franzosen an der Spitze der Civilisation stehen, sondern eine Reihe von Völkerschaften auf den alleruntersten Stufen der Gesittung. Zu den ersten möchten dann die Ureinwohner der Balearen gehören, von denen Diodorus Siculus erzählt, daß sie die Weiber viel höher als die Männer schätzten und für eine gefangene Frau gerne mehrere Männer zur Lösung gaben, übrigens aber nackt gingen und in Höhlen wohnten.

Es ist indessen unnötig, zu so entlegenen Beispielen zu greifen, denn auch für diejenigen Völker, deren Geschichte allgemein bekannt ist, trifft jener Satz nicht zu. Während der höchsten Blüte von Kunst und Wissenschaft nahmen die Frauen in Athen in juristischer und socialer Beziehung eine durchaus untergeordnete Stellung ein. Der Vater konnte in seinem Testamente über seine Tochter wie über ein Vermögensstück verfügen, indem er sie einem beliebigen Manne zur Ehe bestimmte. Machte er von diesem Rechte keinen Gebrauch, so entschied trotzdem bei der Heirat nicht der Wille der Waise, sondern die nächsten Agnaten hatten einen juristischen Anspruch auf die Ehe, den sie nötigenfalls gerichtlich geltend machen konnten. Das Mädchen wurde durchaus wie eine Sache behandelt, und wenn mehrere Prätendenten auftraten, so hatten sie ihren Streit im Wege des gewöhnlichen Prozeßverfahrens zum Austrag zu bringen. Es ist ferner bekannt, daß Frauen und Mädchen bei den Athenern in orientalischer Weise eingeschlossen gehalten wurden; die freiere sociale Stellung, welcher sich eine Klasse von ihnen, die Hetären, erfreute, werden wir Modernen kaum geneigt sein, auf die Achtung vor der weiblichen Würde zurückzuführen. Dagegen lebten die Spartanerinnen in einer Freiheit, die an Zügellosigkeit grenzte, und hatten eingestandenermaßen nach allen Richtungen hin einen ungeheuren Einfluß. Dennoch wird man gewiß nicht die Spartaner für das civilisiertere Volk erklären können. Uebrigens räumten selbst die ionischen Griechen der Vorzeit, die wir aus Homer kennen, trotz ihrer ziemlich primitiven Culturstufe ihren Frauen eine sehr viel höhere Stellung ein, als die ihnen verwandten, aber ungleich gebildeteren Athener der geschichtlichen Zeit.

In Rom beobachten wir eine stetige Verbesserung der Rechtslage der Frauen bis zur vollkommenen Emancipation in privatrechtlichen Angelegenheiten. Das scheint auf den ersten Blick zu der soeben erwähnten Ansicht zu stimmen. Aber die Verbesserung dauerte fort, nachdem unter dem Kaisertum Bildung und Gesittung längst begonnen hatten zu entarten. Die Frauen, welche in der goldenen Zeit der römischen Sitten von Lucretia bis zu der Mutter der Gracchen lebten, standen unter der Gewalt ihrer Väter, Männer oder Vormünder, und die Frauenvormundschaft kam gerade in der berüchtigtsten Epoche der römischen Sittengeschichte ab. Unter dem späteren Kaisertume waren die Frauen juristisch und social so selbstständig geworden, daß kein anderes Zeitalter, auch das unsrige nicht, damit verglichen werden kann. In socialer Beziehung möchte höchstens die Zeit des Rittertums in Betracht kommen, die ja wegen dieses Zuges oft verherrlicht worden ist, aber doch ganz gewiß nicht nur in Künsten und Wissenschaften, sondern selbst in Gesittung auf einer ziemlich niedrigen Stufe steht.

Endlich hat man behauptet, daß der Einfluß des Germanentums den Frauen eine höhere Stellung gegeben habe. Richtig ist davon, daß die Germanen, wie namentlich durch das unverdächtige Zeugniß des Tacitus feststeht, in dem Wesen des Weibes etwas Heiliges zu erkennen glaubten, unrichtig, daß sie sich in dieser Beziehung vor den anderen Völkern auszeichneten. Es handelt sich vielmehr um eine bei allen verwandten Stämmen zu allen Zeiten wiederkehrende Erscheinung, um die von dem Altertum bis auf unsere Tage sich hindurchziehende Tendenz, dem Weibe neben dem Manne eine gleiche oder wohl gar eine höhere Stellung einzuräumen.

Demnach ist es falsch, wenn man bei der Frage nach der Stellung der Frauen die einzelnen Völkerstämme oder wohl gar Altertum und Neuzeit einander schlechtweg gegenübergestellt. Das Beispiel der Athener und Spartaner zeigt, daß nah verwandte Völkerschaften bisweilen schroffe Gegensätze aufweisen, und bei genauerem Eingehen ist es nicht schwer, auch in demselben Staate verschiedene Strömungen zu constatiren. In Athen war eine Aspasia möglich, und der Athener Plato ging in der Frage der Frauenemancipation noch weit über die Spartaner hinaus.

So verschiedenartig auch die Erscheinungen sein mögen, so lassen sie sich dennoch alle auf zwei einander entgegengesetzte Strömungen zurückführen, die sich im Altertum ebenso bekämpften, wie sie sich noch jetzt bekämpfen, von denen oft nur die eine an der Oberfläche des Volkslebens sichtbar wird und daher als die herrschende erscheint, während die andere sich auf die niederen Schichten beschränkt und daher zeitweilig dem Auge des Geschichtsforschers entgeht. Es ist bekannt, daß die meisten Sprachen, welche heute in Europa, und viele, welche in Asien gesprochen werden, mit einander verwandt sind. Die Verwandtschaft wird nicht nur durch eine große Gleichmäßigkeit in der Grammatik, sondern auch durch eine so namhafte Zahl übereinstimmender Worte bewiesen, daß der Versuch gemacht worden ist, die gemeinschaftliche Muttersprache zu reconstruieren. Man hat aus jener Thatsache auf die Verwandtschaft der betreffenden Völker geschlossen und diese von den beiden bedeutendsten Stämmen des Ostens und des Westens die Indogermanen genannt. Wo die Heimat des Urvolkes war, darüber haben wir allerdings nur Vermutungen; sicher ist aber, daß sich von ihm ein Zweig, aus dem die Inder und Perser entsprossen sind, ablöste, um einen großen Teil Asiens in Besitz zu nehmen, während ein anderer sich über Europa verbreitete. Auf europäischem Boden unterscheidet man wieder zwei näher verwandte Völkergruppen: eine nördliche, zu welcher die Germanen, Slaven und Letten gehören, und eine südliche, welche aus den Kelten, Italikern und Griechen besteht.

In der Urzeit der Indogermanen und sogar lange nach ihrer Spaltung in die einzelnen Völker gab es noch keine Staaten im modernen Sinne. Häufig lebten die einzelnen Familien für sich, und selbst wenn sich Gemeinden bildeten, war das Band, welches sie umschloß, ein so loses, daß die einzelnen Familien mit einander in Fehde liegen konnten. Kurz und treffend schildert Homer, von den Cyklopen sprechend, jenen Zustand: „Sie haben keine beratenden Volksversammlungen und keine Gesetze, sondern wohnen auf den Gipfeln hoher Berge in Höhlen, und jeder waltet über Weib und Kind, ohne sich um die andern zu kümmern." Noch Plato waren viele barbarische und selbst einige griechische Völkerschaften bekannt, welche in dieser Weise lebten. Ja, mit der Schilderung von Homer stimmt fast wörtlich überein, was der russische Annalist Nestor ums Jahr 1100 nach Christus von den Polen erzählte. „Die Polen," sagt er, „wohnten für sich besonders auf diesen Bergen und herrschten über ihre Geschlechter, sowie bis auf diese Stunde ihre polnischen Brüder gethan haben, und es lebte ein jeder mit seinem Geschlechte an seinen Orten und herrschte über seine Familie."

Eine solche patriarchalische Familie bildete unter dem Manne beziehungsweise Vater einen monarchisch beherrschten Staat, welcher nach außen hin eine große Selbstständigkeit behauptete. Es gab keine über ihr stehende Macht, die das Recht besessen hätte, in die inneren Verhältnisse durch ihr Gebot einzugreifen. Freilich war es nicht notwendig, daß das Familienhaupt in autokratischer Weise herrschte. Im Gegentheil konnten Frau und Kinder gewiß in der Regel ihren gebührenden Einfluß und unter Umständen auch wohl noch mehr ausüben; Pantoffelhelden hat es auch zur Zeit der patriarchalischen Familie gegeben. Aber die Gemeinde ignorierte diese inneren Verhältnisse. Die Familie als Ganzes wurde von ihrem Haupte vertreten; das Familienvermögen erschien juristisch als Vermögen des Familienvaters; der Einzelne war ohne Rechte und was er immer erwarb, gehörte dem Hausherrn. Freilich traten die waffenfähigen Söhne als Krieger in unmittelbare Verbindung mit der Gemeinde, als solche stimmten sie mit gleichem Rechte neben ihrem Vater in der Volksversammlung und durften ihrerseits zu allen Aemtern gewählt werden. Die weiblichen Mitglieder waren aber naturgemäß auch hiervon ausgeschlossen: die Frau hat keinerlei Stellung im antiken Staat. Kommt ihr doch sogar nach dem officiellen Sprachgebrauch der römischen Republik nicht einmal ein Individualname, sondern lediglich ihr Geschlechtsname zu. Daher erbt auch die Namenszugehörigkeit lediglich im Mannsstamme, und jeder bezeichnet sich im öffentlichen Leben ausschließlich als Sohn seines Vaters, nicht seiner Mutter.

Um das Wesen der patriarchalischen Familie klar zu legen, ist es erforderlich, auf den Unterschied von juristischer Construction und Auffassung des Lebens etwas näher einzugehen. Vom juristischen Standpunkt aus werden Frau und Kinder zwar nicht für Sachen erklärt, aber doch nach Analogie der Sachen behandelt.

Am deutlichsten zeigt sich dies bei den Formen für die Eingehung der Ehe. Man tritt in eine Familie ein, indem man in die Gewalt des Familienhauptes kommt, und diese Gewalt wird ganz so behandelt wie das Eigentum. Daher kann nach ältestem Rechte die Ehe dadurch abgeschlossen werden, daß der Mann die künftige Frau von Demjenigen kauft, in dessen Gewalt sie als Tochter steht. Diese Institution ist für die Verhältnisse, unter denen sie entstanden ist, nicht ganz so roh, wie es scheint. Daß es formell nur auf den Willen des Gewalthabers der Braut, nicht auf den Willen der Braut selbst ankommt, ist eine

Folge des patriarchalischen Princips, es ist dadurch aber keineswegs ausgeschlossen, daß der Gewalthaber der Sitte gemäß auf den Willen der Braut Rücksicht nimmt. Und wenn für die Frau ein Preis bezahlt wird, so ist daran zu erinnern, daß in jenen Zeiten die Kinder als Arbeiter und Aufseher der Sklaven einen bedeutenden Vermögenswert hatten. Die Familie der Frau verlor durch die Heirat auch in pecuniärer Hinsicht, während die Familie des Mannes eben so viel gewann, und es hat gewiß nichts sittlich Anstößiges, wenn man der Ersteren diesen Verlust vergütete, um so mehr, als sie die Kosten für die Erziehung getragen hatte. Nur in diesem Sinne hat man den sogenannten Brautkauf aufzufassen, denn, woran wir beim Kaufe zuerst zu denken geneigt sind, ein Verhandeln an den Meistbietenden kommt in Europa nirgends vor.

Daß der Brautkauf in der That diesen Sinn hatte, beweist sein Verschwinden unter veränderten Verhältnissen. Als die Cultur zunahm und damit die Ansprüche an vornehme Haushaltungen stiegen, hörte die Arbeit, welche die Frau am Webstuhle und als Aufseherin der Mägde verrichtete, auf, die Kosten ihres Unterhaltes an Werth aufzuwiegen. Das Verhältniß kehrte sich jetzt um, die Heirat wurde ein pecuniärer Vorteil für die Familie der Frau und ein entsprechender Nachteil für den Mann. Hielt man daher an dem Princip fest, daß kein Theil an der Heirat einen materiellen Vorteil haben sollte, so mußte jetzt der Mann von der Familie der Frau eine Entschädigung erhalten. Auf diese Weise entwickelte sich das Institut der Mitgift (lat. dos), und der Brautkauf verschwand.

Wie diese Aenderung sich vollzog, das können wir an den Sitten sehen, welche Homer schildert. Der Brautkauf war damals noch erhalten, und es wurden ganz bedeutende „Geschenke" gezahlt, aber zugleich war es üblich geworden, daß die junge Frau aus ihrem elterlichen Hause eine ebenfalls sehr bedeutende Mitgift mitbrachte. Man sieht schon hieraus, daß es den Alten fern lag, die Kaufehe als ein Verhandeln des Mädchens zu betrachten. Noch später hörte der Brautkauf überhaupt auf. Auch bei den Römern fand das Institut der Mitgift schon in sehr früher Zeit Eingang und wurde so allgemein, daß die Anschauung des gewöhnlichen Lebens darin das Kennzeichen einer echten Ehe sah. Allerdings erhielt sich noch sehr lange eine Art der Ehe, welche in den Formen eines Kaufes abgeschlossen wurde, die coëmtio, aber ein wirklicher Preis wurde bei derselben nicht mehr bezahlt, sondern man gab nur, um den Kauf zu markieren, eine kleine Münze.

Viel schärfer tritt die Rohheit des alten Rechtes in dem Brautraube hervor. Zur Erklärung ist aber daran zu erinnern, daß bei den alten Völkern der Raub ursprünglich gar nicht oder wenigstens nicht, wenn er gegen Fremde gerichtet war, für ein Verbrechen galt. Bei Homer werden die Seefahrer oft ohne jede beleidigende Absicht gefragt, ob sie Räuber seien! Telemach spricht mit Stolz von den vielen Sklaven, welche sein Vater Odysseus zusammengeraubt habe. Auch von Thucydides wissen wir, daß bei vielen Nationen der Raub sogar für ehrenvoll galt. Natürlich konnten auch Menschen geraubt werden, die dann einfach zu Sklaven wurden. Unter diesen Umständen bleibt die Möglichkeit des Brautraubes immerhin eine Härte, da über das Mädchen ohne ihren und ihrer Angehörigen Willen verfügt wird, aber eine Entwürdigung der Weiber kann darin nicht gefunden werden, wenn diejenige, die von Rechtswegen zur Sklavin gemacht werden durfte, statt dessen Hausherrin wurde. Die Richtigkeit dieser Auffassung beweist die Thatsache, daß der Brautraub sich noch in geschichtlicher Zeit bei den Spartanern erhalten hat, also gerade bei demjenigen Volke, welches den Frauen eine besonders hohe Stellung einräumte. Auch bei unseren eigenen Vorfahren ist er lange in Uebung geblieben und konnte kaum durch die härtesten Strafandrohungen unterdrückt werden. Im Uebrigen hörte er meistens von selbst auf, sobald man sich gewöhnte, in der Ehe eine pecuniäre Last zu sehen, die der Ehemann nur gegen Entschädigung übernahm.

Daß in der juristischen Construction der Ehe bei den Alten nur scheinbar eine Herabwürdigung der Frau liegt, zeigt sich, sobald wir auf die Auffassung der Ehe vom Standpunkt des Sacralrechts und des gesellschaftlichen Lebens eingehen. Die Ehe ist nach der Erklärung der römischen Juristen, die allerdings für die spätere römische Zeit recht schlecht paßt, die Vereinigung von Mann und Weib zu ungeteilter Lebensgemeinschaft. Die Gatten leben in vollständiger Gütergemeinschaft, so daß ein Diebstahl zwischen ihnen unmöglich ist, ferner in Opfergemeinschaft, so daß die Frau an den Familienheiligtümern und, wie eben bemerkt, bisweilen sogar an dem priesterlichen Amte des Mannes teilnimmt. Wenn der Mann paterfamilias genannt wird, so heißt die Frau, und zwar gerade die unter der juristischen Gewalt des Mannes lebende Frau, materfamilias. An den politischen Angelegenheiten hat sie keinen Teil, dafür aber genießt sie gegen Beleidigungen vielfach einen stärkeren Rechtsschutz als der Mann. Nirgends wird vielleicht die Abhängigkeit der Frau mehr betont, als bei den Indern, und doch wagt noch heute kein Inder, eine Frau zu beleidigen. In Rom wich selbst der Consul der Matrone aus. Es scheint, als ob die Frau gerade da, wo sie juristisch völlig abhängig ist, einen besonderen Rechtsschutz genieße.

Wenn schon die der patriarchalischen Familie zu Grunde liegende Idee, obgleich sie unser heutiges Familienleben in hohem Grade beeinflußt, etwas Fremdartiges für uns hat, so ist dies noch viel mehr bei einem anderen Ideenkreise der Fall. In dem ganzen Bereich der indogermanischen Rasse und weit über denselben hinaus zeigen sich nämlich mehr oder weniger deutlich Spuren von Anschauungen, welche fast wie ein phantastisches Gegenbild jener patriarchalischen Ideen erscheinen. Am reinsten treten sie bei Negervölkern im Innern von Afrika und bei den Nairen, d. h. dem Adel der Malabaren in Indien, auf. In dem Bereich der indogermanischen Völkerfamilie sind sie von Bachofen in mehreren Schriften (Mutterrecht, die Sage von Tanaquil, Antiquarische Briefe) nachgewiesen worden.

Charakteristisch ist für diese Anschauungen, daß nach ihnen die Kinder nur mit der Mutter und deren — mütterlichen — Verwandten, namentlich deren Brüdern verwandt sind. Die Familie besteht also aus den Geschwistern, welche von Einer Mutter abstammen, Brüdern sowohl wie Schwestern, ferner den Kindern der Schwestern, den Kindern der Töchter der Schwestern u. s. w. Sie ist das gerade Gegentheil der agnatischen Familie des älteren römischen Rechtes. Zwischen Bruder und Schwester, die von derselben Mutter stammen, besteht ein so inniges Verhältniß, wie in der patriarchalischen Familie zwischen den Ehegatten. Vielleicht könnte man es sogar noch als ein edleres bezeichnen, da das geschlechtliche Band durch die Blutsverwandtschaft ersetzt wird. Der Bruder schützt und ernährt die Schwester und deren Kinder, die Schwester widmet dem Bruder alle Zuneigung und Hingebung, welche in der patriarchalischen Familie der Gatte beansprucht, sie folgt ihm in die Verbannung und opfert ihm in mancher alten Sage ihre eigenen Kinder.

Unter diesen Verhältnissen hat die Keuschheit der Frau einen sehr geringen Werth. Manche Völker, wie die erwähnten Nairen, leben sogar in Vielmännerei. Freilich kommen auch bei ihnen eheähnliche Verhältnisse vor. Oft begeben sich Frauen in das Haus des Mannes und verzichten auf den Umgang mit andern Männern. Aber Herrin des Hauses ist auch dann die Schwester, nicht die Frau, Erben sind die Söhne der Schwester, nicht die Söhne der Frau. Nicht einmal zum Unterhalt ist der Mann verpflichtet, er kann die Frau und ihre Kinder jederzeit verstoßen. Daher ist Unkeuschheit der Frau nicht, wie in der patriarchalischen Familie, ein Zerreißen der heiligsten Familienbande, sondern entweder erlaubt oder doch mindestens leicht verzeihlich. Einige hierher gehörige Völker halten sogar die Keuschheit für schimpflich, und der Umgang mit recht vielen Männern gereicht dem Mädchen zum Ruhm, weil er ein Zeichen ihrer Schönheit ist. In keinem Falle liegt ein Grund vor, die Unkeuschheit der Frau strenger zu beurteilen als die Unkeuschheit des Mannes.

In diesem Systeme haben die Kinder eine Mutter und einen mütterlichen Oheim, aber keinen Vater. Sie rechnen ihre Genealogien, wie es nach Herodot noch in geschichtlicher Zeit die Lycier thaten, nach Müttern. Die Weiber pflanzen das Geschlecht fort, und daher erben bei einigen Völkern, wie es z. B. der alte Geograph Strabo von den Kantabrern in Spanien erzählt, nur die Töchter, während die Söhne lediglich eine Mitgift erhalten. Es ist natürlich, daß solche Frauen ganz anders auftraten und selbst am politischen Leben gleichberechtigt teilnahmen, so daß die alten Spuren von einem Stimmrecht der Weiber durchaus nicht befremden können. Während man sich das Urbild einer Frau in der patriarchalischen Familie so zu denken hat, wie Homer seine Frauen schildert: in lang herabwallendem Gewande, züchtig vom Schleier umhüllt und außerhalb ihres Gemachs stets von Dienerinnen begleitet, kann man als Muster dieser Frauen die Diana betrachten, wie sie in hochgeschürztem Kleide die Fluren durchstreift.

So seltsam uns diese Anschauungen auch erscheinen mögen, und so wenig sie mit unseren Begriffen von weiblicher Zucht und Sitte stimmen, so läßt sich ihnen dennoch ein sittlicher Gehalt nicht absprechen. Nach ihnen bleibt der Mensch stets in seinem altgewohnten Kreise, die Frau wird nicht, wie bei der patriarchalischen Familie, aus der Mitte ihrer Verwandten gerissen, um ihre Heimat unter Menschen zu finden, die ihr bisher fremd waren. Es wird uns freilich sehr schwer, solche Anschauungen richtig zu würdigen. Zur Warnung vor allzuschnellem Urteile über fremdartige Ideen sei es gestattet, eine Anekdote einzuflechten, welche der alte Geschichtsschreiber Herodot erzählt. Der Perserkönig Darius berief einmal die Griechen, welche an seinem Hofe lebten, zu sich und fragte sie, für welchen Lohn sie bereit sein würden, ihre verstorbenen Väter zu

essen. Sie antworteten, daß sie das um keinen Preis
thun würden. Darauf rief er die Calatier, eine indische
Völkerschaft, bei welcher in der That die verstorbenen
Eltern verspeist wurden, und fragte sie, für welchen Preis
sie sich dazu verstehen würden, ihre verstorbenen Väter zu
verbrennen. Als sie das hörten, schrien sie laut auf und
warnten ihn, so zu lästern. Herodot knüpft daran die
Betrachtung, die auch für manchen modernen Geschichts=
forscher nicht überflüssig ist, daß jedem Volke seine eigenen
Sitten und Gesetze als die vortrefflichsten erscheinen.

Nach jenen Anschauungen mögen die Völker gelebt
haben, über welche sich der Strom der Indogermanen
ergoß. Es war nicht immer leicht, sie zu unterjochen
oder auszurotten, denn den Eindringlingen trat, wie wir
aus Strabo, Herodot und Diodor lernen können, manch
tapferer und nach guten Gesetzen lebender Stamm ent=
gegen, der erst nach schweren Kämpfen seine Eigenart
aufgab. Daher haben sich denn auch in dem Machtbereich
der Griechen und Römer fremdsprachige Völker noch sehr
lange erhalten, ja bis auf die heutige Zeit hat sich in
den Basken der letzte Rest einer vorindogermanischen euro=
päischen Bevölkerung behauptet.

Aeußerlich betrachtet, siegte fast überall die indoger=
manische Cultur. Sprache, Recht und Sitte erscheinen,
oberflächlich angesehen, durchaus als indogermanisch. Aber
in den niederen Schichten des Volkes hielt sich unendlich
viel von den alteinheimischen Anschauungen, wenn es auch
meistens in der Literatur entweder gar nicht beachtet oder
als unsittlich bekämpft wurde. Aus einigen Anzeichen
können wir uns noch heute eine Vorstellung von dem
Verlauf des Kampfes machen.

Am schnellsten gaben die Frauen ihre alte politische Stellung auf. Da die Indogermanen der herrschende Stamm wurden, so drangen im öffentlichen Recht ihre Grundsätze überall durch. Nach einer alten Sage, welche uns der Kirchenvater Augustinus aufbewahrt hat, besaßen die Athenerinnen in vorgeschichtlicher Zeit Stimmrecht, verloren es aber zur Strafe, weil sie Poseidon beleidigt hatten. In geschichtlicher Zeit sind es nur vereinzelte Erscheinungen, wenn der Philosoph Plato in seinem idealen Staate auch weibliche Beamte hat, oder wenn die Frauen in der Landschaft Laveban noch im vierzehnten Jahrhundert nach Christus an öffentlichen Abstimmungen teilnahmen. Immerhin werden freilich selbst in geschichtlicher Zeit weibliche Schiedsrichter in politischen Angelegenheiten erwähnt.

Weniger schnell verschwand die alte Sitte, die Geschlechter nach Müttern zu rechnen. Herodot kennt sie noch in voller Ausbildung bei den Lyciern. Vereinzelt kommt es bei den Griechen vor, daß ein Sohn nach seiner Mutter, also z. B. Apollo nach Leto als Letoide genannt ist, dagegen wird in altitalischen Inschriften zur näheren Bezeichnung der Person oft die Mutter statt des Vaters oder wenigstens neben dem Vater genannt. Selbst im Mittelalter haben sich noch mehrere Reste jener Sitte erhalten. Jeanne d'Arc führte ihren Namen nach ihrer Mutter. In Deutschland kommt es im dreizehnten und vierzehnten Jahrhundert noch mehrfach vor, daß Jemand nicht, wie sonst üblich, nach seinem Vater, sondern nach seiner Frau (z. B. vir domine Conegundis) oder nach seiner Mutter (filius domine Gutte) oder gar nach seiner Schwester (frater domine Lise) bezeichnet wird. Wenn ferner unter den heutigen Familiennamen viele wie Jacobsen, Matthiessen die Abstammung von einem Manne bezeichnen, so gab es daneben, wie ein neuerer Forscher, Lübben, im Jahrbuch des Vereins für niederdeutsche Sprachforschung (Bd. VI.) ausgeführt hat, in älterer Zeit eine Reihe anderer Namen, welche die Abstammung von einer Frau bezeichneten, also auf eine Sitte hindeuten, die Söhne nach der Mutter zu nennen. Bis auf den heutigen Tag hat sich wenigstens noch ein solcher Name erhalten, nämlich Vernaleken d. h. Sohn der vrouwen Aleken (Frau Adelheid). So reichen die letzten Spuren jener Anschauungen, welche vielleicht vor dreitausend Jahren bei den Ureinwohnern geherrscht haben, bis in unsere Zeit.

Bei dem Widerstreit der Ideen konnten tiefe sittliche Conflicte nicht ausbleiben. Für wen sollte die Frau bei einem Kampfe ihres Mannes mit ihrer Familie Partei ergreifen? Nach dem einen Rechte gehörte sie zum Manne, nach dem andern zu der Mutter und den Brüdern. In einer alten nordischen Bearbeitung des Nibelungenliedes tritt die alteinheimische Anschauung noch deutlich hervor. Der größte Schmerz ist für das Weib der Tod des Bruders, nicht des Gatten. Als Brynhild über die Ermordung Sigurds frohlockt, ruft Gunnar erbittert: „Du wärest würdig, Weib, daß wir Dir hier vor den Augen Atli erschlügen, daß Du sähst an dem Bruder blutige Wunden!" Und später rächt, derselben Anschauung getreu, Gudrun ihren Bruder an ihrem eigenen Gatten Atli. Der Gedanke kehrt bei den verwandten, obwohl räumlich weit getrennten Persern in einer von Herodot überlieferten Erzählung wieder. Als Darius den Intaphernes mit seinen Söhnen und allen männlichen Verwandten zum

Tode verurteilt hatte, gestattete er der Gattin des Jntaphernes, einen von ihnen loszubitten. Sie wählte ihren Bruder und antwortete, nach ihren Beweggründen gefragt: „Einen anderen Mann kann ich bekommen, wenn die Gottheit will, und andere Kinder, wenn ich diese verliere, einen anderen Bruder aber kann ich nicht bekommen, nachdem mir Vater und Mutter gestorben sind." Fast wörtlich kehrt diese Idee in der Antigone des Sophokles wieder, und wenn es auch zweifelhaft ist, ob die betreffende Stelle schon von Sophokles selbst herrührt, so muß sie doch jedenfalls schon im Altertum eingeschoben sein, da sie von Aristoteles angeführt wird.

Wunderbar haben sich, so sehr auch das patriarchalische Princip anfangs in den Vordergrund trat, die beiden einander widerstrebenden Ideen in Recht und Sitte bei allen Völkern gemischt. In reiner Ausprägung finden wir sie nirgends, da weder die patriarchalische Familie im Stande war, den Einfluß der alteinheimischen Anschauungen ganz abzuweisen, noch andererseits diese vollständig durchdringen konnten. Am besten erhielt sich die patriarchalische Familie bei den Indern. Scharf betonen die Gesetzbücher die Abhängigkeit des Weibes auf jeder Lebensstufe: Als Mädchen, sagen sie, gehorcht das Weib dem Vater, als Frau dem Manne, als Wittwe den Söhnen, selbstständig ist sie niemals. Verächtlich wird sie deswegen keineswegs behandelt. Freilich wird ihr überall Gehorsam und Unterwerfung eingeschärft, es fällt auch manch hartes Wort über den Leichtsinn und die Unzuverlässigkeit der Frauen, aber diesen Aeußerungen stehen andere gegenüber, die in ebenso überschwenglicher Weise ihre Würde und Bedeutung betonen. Ist der Mann der

Herr (patis), so ist die Frau Herrin (patni); die Gemahlin des geistlichen Lehrers hat Anspruch auf ähnliche Ehrfurchtsbezeugungen, wie sie ihrem Gatten gezollt werden; die Gesetzbücher befehlen, sie durch Berühren der Füße (eine in der indischen Sitte öfter vorkommende Grußform) zu grüßen.

Das patriarchalische Princip ist auch darin durchgedrungen, daß die verheiratete Tochter kein Erbrecht gegen ihren Vater hat, da sie aus dessen Familie ausgeschieden ist, ebenso darin, daß bei der Verheiratung der Tochter regelmäßig nicht ihr, sondern des Vaters Wille in Betracht kommt. Trotzdem hat aber selbst das von den Brahmanen so einseitig ausgebildete Recht anderen Anschauungen Raum gewährt, indem es den Brautkauf als unsittlich verbot und den Brautraub wenigstens auf die Kriegerkaste beschränkte. Noch viel mehr treten diese Anschauungen in dem Bilde hervor, welches wir aus der Poesie von der Stellung der Frauen gewinnen. Der Preis von Frauentugend und Frauenschönheit, dem wir so häufig begegnen, widerspricht allerdings dem patriarchalischen Princip nicht, wohl aber die Selbstständigkeit, welche die Weiber in manchen anderen Beziehungen beanspruchen. Charakteristisch ist dafür besonders die Sitte der Gattenwahl, nach welcher Königstöchter, wenn sie sich verheiraten wollten, an einem bestimmten Tage alle ihre Bewerber vor sich beschieden, um einen aus ihnen zu ihrem Gemahl zu machen.

Die herrschende Eheform bei den Indern ist Vielweiberei, doch scheint die Stellung der Frauen nicht sehr darunter gelitten zu haben. Merkwürdig ist, daß das große indische Nationalepos, das Mahabharata, sogar von einem Fall von Vielmännerei weiß, der aber im

Rechtsleben der indischen Indogermanen durchaus vereinzelt steht.

Bei Griechen und Römern blieben die einheimischen Anschauungen für die Sklaven, d. h. für den untersten und zugleich den zahlreichsten Stand maßgebend. Vom Standpunkt der Sitte und der Religion aus gab es allerdings auch Sklavenehen, die unter ähnlichen Feierlichkeiten wie die der Freien eingegangen wurden. Auch verlangte man von den aus solchen Verhältnissen stammenden Kindern die volle Ehrfurcht gegen ihre Eltern, was dann juristisch wichtig werden konnte, wenn Eltern und Kinder später freigelassen wurden. Aber im Uebrigen erkannte das Recht diese Ehen nicht an. Dieselben konnten von dem Herrn oder den Herren der Gatten jederzeit willkürlich gelöst werden, und die Kinder folgten ohne Unterschied der Mutter, auch wenn der Vater in dem Eigentum eines Anderen stand. Selbst wenn alle Teile später freigelassen wurden, bestand dennoch keinerlei Erbrecht gegen den leiblichen Vater. Wenn von den Eltern einer frei, der andere Sklave war, so entschied nach dem erwähnten Princip lediglich der Stand der Mutter.

Ebenso behauptete sich diese Anschauung für den Concubinat, d. h. für ein Verhältniß, welches in wesentlichen Punkten der heutigen Ehe zur linken Hand gleicht. Auch der Concubinat, der übrigens gesetzlich durchaus erlaubt war, ist ein streng monogamisches Verhältniß, von der Ehe nur dadurch unterschieden, daß die Frau nicht als ebenbürtige Genossin des Mannes gilt, und daß die Kinder der Mutter folgen, von dem Vater aber weder den Namen noch das Vermögen erben. Der Concubinat war zu allen Zeiten verbreitet und gewann in der allgemeinen Sittenverberbnis, welche im letzten Jahrhundert vor Christi Geburt begann, sogar noch erheblich an Ausdehnung.

Für die vornehmeren Frauen galt das patriarchalische Princip mit der Modification, daß in der griechisch-römischen Culturwelt die Einzelehe die allgemeine, wenn auch nicht ausnahmslos herrschende Eheform ist. Bei den Spartanern soll Vielmännerei in der Weise vorgekommen sein, daß mehrere Brüder gemeinschaftlich eine Frau nahmen, und andererseits ist bei ihnen eben so wenig wie bei den Athenern die Vielweiberei gänzlich ausgeschlossen.

Die Frau trat also bei den Griechen und Römern in älterer Zeit aus ihrer leiblichen Familie in die des Mannes und führte, wenigstens bei den Griechen, von ihrer Verheiratung an zusätzlich zu ihrem Namen nicht mehr den Namen ihres Vaters, sondern den ihres Mannes im Genitiv, so daß auch äußerlich der veränderte Familienstand Ausdruck fand. Die Stellung der Frauen war eine würdige, aber streng auf das Haus beschränkte. Vor fremden Männern erschien die züchtige Hausfrau nur in Begleitung von Dienerinnen. Ihr lag die Aufsicht über die Mägde ob, in andere Angelegenheiten durfte sie sich nicht mischen. Es galt als schicklich und löblich, als Telemach, der soeben erwachsene Sohn, seine eigene Mutter in diese Schranken zurückwies. Daß Frauen, wie Arete, die Gemahlin des Alkinoos, auch Streitigkeiten von Männern schlichteten, war Ausnahme.

Die Stellung der griechischen Frauen zur Zeit Homers läßt sich am besten mit der der indischen Frauen vergleichen. Hier wie dort finden wir strenge Abhängigkeit in allen juristischen Beziehungen vom Vater, vom Manne oder vom Sohne zugleich mit einer hohen Meinung von weiblicher Tugend und Würde. Später steigerten sich bei den ionischen Griechen, namentlich den Athenern, die Ansprüche an weibliche Zurückhaltung und führten bisweilen zu einer fast haremartigen Abschließung der vornehmen Frauen. Indessen fehlt es trotz alledem nicht an Spuren von ganz entgegengesetzten Tendenzen. Dahin ist es zu rechnen, wenn die Athener zum Bürgerrecht nicht nur die Abstammung von einem Bürger, sondern auch von einer Bürgerin verlangten, da nach patriarchalischem Princip nur der Stand des Vaters in Betracht gekommen wäre. Auch die hohe Achtung, welche die Hetären in Athen genossen, geht auf andere Anschauungen zurück. Endlich hat auch Solon den Brautkauf aufgehoben, indem er verbot, Töchter und Schwestern zu verkaufen, dafür aber freilich auch die sich mehr und mehr ausbreitende Sitte, Mitgiften zu geben, auf einen sehr geringen Umfang beschränkte, da er als höchstes Maß drei Feierkleider erlaubte.

Viel stärker machten sich jene Tendenzen anderwärts geltend. Der Begriff der Weiberherrschaft war den griechischen Schriftstellern durchaus geläufig und sie besaßen sogar ein eigenes Wort für das Stehen unter Weiberherrschaft (γυναικοκρατεῖσθαι). Es scheint, als ob auch das Symbol für diese ehrwürdige Institution seit Urzeiten dasselbe war wie heute. Bekanntlich ist der männlichste Held der griechischen Sage, Herkules, dem allgemeinen Schicksal der Männer nicht entgangen, da er Jahre lang in der Knechtschaft einer Frau verbringen mußte, und wenn wir Lucian glauben dürfen, so pflegte ihn Omphale mit einer Sandale, oder, modern zu sprechen, mit einem Pantoffel zu züchtigen. Selbst die Insignien der Herrschaft haben sich also bis auf unsere Tage als solche erhalten.

Wir sind gewohnt, die Weiberherrschaft als ein Zeichen der Verweichlichung des Volkes aufzufassen. Für das Altertum trifft dies nicht unbedingt zu. Aristoteles behauptet sogar im Gegenteil, daß jene gerade bei den kriegerischen Stämmen vorkomme, weil die Männer derselben in den regelmäßig wiederkehrenden Feldzügen lange Zeit vom Hause abwesend zu sein pflegten. So zählte er denn auch, wie es übrigens im Altertum allgemein geschah, mit Recht von den Griechen die Spartaner zu den unter Weiberherrschaft stehenden Völkern. Das Hausregiment kam hier unumschränkt den Frauen zu, und selbst in die öffentlichen Angelegenheiten mischten sie sich in einer für die übrigen Griechen geradezu anstößigen Weise. In Sparta betrachtete man dies als einen Vorzug. Als eine Fremde der Gorgo, der Gemahlin des Leonidas, gegenüber bemerkte, daß nur die Weiber der Spartaner über ihre Männer herrschten, antwortete diese: weil wir allein Männer gebären. Den Joniern blieb freilich dies ganze Wesen unverständlich und die männliche hochgeschürzte Tracht und das freie Benehmen der Spartanerinnen erschien ihnen ebenso unzüchtig, wie es uns heutzutage erscheinen würde. Gewissermaßen zur Erklärung erzählte man, Lykurgos habe ursprünglich auch die Weiber seiner strengen Zucht unterwerfen wollen, bald aber sein Unternehmen als hoffnungslos aufgegeben.

Noch schroffer als in der spartanischen Verfassung treten die erwähnten Tendenzen bei Plato, dem attischen Philosophen, auf. Plato verlangt in der „Politik" für seinen idealen Staat Weibergemeinschaft und überhaupt gleiche Rechte für Männer und Frauen, unterwirft Letztere aber, als wollte er die äußersten Consequenzen der Frauenemancipation klarlegen, auch denselben Pflichten, einschließlich der Militärpflicht. Die Kinder sollten allen gemeinsam sein und an besonderen Orten von Wärterinnen so erzogen werden, daß keine Frau ihr eigenes Kind erkennen könnte. Plato versprach sich davon sehr segensreiche Folgen für die Liebe der Bürger unter einander, da die Gleichaltrigen auf diese Weise sich als Brüder und alle Jüngeren als ihre Kinder ansehen würden. In reiferem Lebensalter mochte er diese Ideen als undurchführbar erkennen, denn in seinen später geschriebenen „Gesetzen" tritt er bereits viel milder auf und läßt namentlich die Weibergemeinschaft vollständig fallen. Auch hier erscheinen aber noch weibliche Beamte als Aufseherinnen über die Ehen und selbst die Militärpflicht der Frauen hebt er nicht auf. Ein Familienleben fehlt dem Platonischen Staat selbstverständlich; der Philosoph verlangt daher öffentliche Speisungen nach Art der spartanischen gemeinschaftlichen Mahle und will daran sogar die Weiber teilnehmen lassen. Daß er mit seinen Tendenzen auch in der milderen Form auf starken Widerspruch stieß, beweist die herbe Kritik, welcher Aristoteles in der „Politik" seine Ansichten unterzog.

Der von Aristoteles aufgestellte Satz, daß gerade die kriegerischen Völker zur Weiberherrschaft neigen, trifft auch auf die Römer zu. Es ist sehr interessant, den geschichtlichen Proceß zu beobachten, in welchem die alteinheimischen Anschauungen sich gegenüber dem altrömischen, d. h. dem indogermanischen Rechte Geltung verschafften.

Eine Ehe konnte ursprünglich durch confarreatio, d. h. durch ein feierliches Opfer, oder in Form eines Kaufes eingegangen werden. Die Frau kam dadurch mit ihrem ganzen Vermögen in die Gewalt (manus) ihres Mannes und war nach dem Ausdrucke der Römer juristisch wie eine Tochter anzusehen. Nur soll schon Romulus den Verkauf der Frau bei strenger Strafe verboten haben. Nach der Sitte war natürlich die Frau Herrin des Hauses und wenn die Juristen sagen, ihr ganzes Vermögen sei an den Mann gefallen, so bedeutet das, in die Sprache des gewöhnlichen Lebens übersetzt, daß alles Vermögen den Ehegatten gemeinschaftlich wurde, aber unter der Verfügungsgewalt des Mannes stand, wie es auch noch heute bei dem in Deutschland weit verbreiteten Rechte der Gütergemeinschaft der Fall ist. Den Namen scheinen die römischen Frauen bei der Verheiratung auch in ältester Zeit nicht gewechselt zu haben, denn in der römischen Sage werden sie durchgehends nach dem Geschlechte des Vaters, nicht des Mannes genannt. Die Gemahlin des Tarquinius Superbus heißt Tullia, die Gemahlin des Tarquinius Collatinus Lucretia.

Obgleich in der alten Ehe die Frau eine sehr geachtete Stellung einnahm, so muß dennoch im römischen Volke eine weitverbreitete Abneigung dagegen bestanden haben. Man vermied daher die gesetzlich anerkannte Ehe überhaupt und zog es vor, sich ohne jede Form zu verbinden. Allerdings genossen die so verheirateten Frauen eine geringere Achtung und hatten auch auf die Bezeichnung materfamilias keinen Anspruch, aber die Sitte mißbilligte diese Verhältnisse nicht und jedenfalls wurde es dabei vermieden, daß die Frau unter die Gewalt des Mannes kam. Wir kennen die ältere römische Rechtsgeschichte leider zu wenig, um zu wissen, wann diese Ehen gesetzliche Anerkennung erlangten. Vermutlich waren sie schon im Anfange der Republik ziemlich häufig, jedenfalls hatten sie gegen Ende derselben die alte Ehe fast völlig verdrängt. Eine höhere Weihe genoß diese freilich noch immer; die Inhaber gewisser priesterlicher Aemter mußten in Form der confarreatio verheiratet sein, die Vestalinnen aus confarreirten Ehen stammen.

In der freien Ehe war die Frau von dem Manne durchaus unabhängig. Ihm fiel nur dasjenige Vermögen zu, was ihm ausdrücklich als Mitgift übergeben wurde, alles übrige verblieb der Frau, und wenn sie ihm die Verwaltung desselben übertrug, so wurde er wie jeder andere Verwalter angesehen. Das Verhältniß war jederzeit löslich, jeder Theil konnte beliebig die Scheidung aussprechen. Erst sehr spät ist dies unter dem Einfluß der christlichen Kirche beschränkt worden.

Im Allgemeinen hat das römische Recht sich stets von solchen Institutionen freigehalten, welche heute unser sittliches Gefühl beleidigen. Zuchtlosigkeiten, wie sie in der Verfassung des Lykurgus vorkommen, suchen wir darin vergebens. Von der Sitte aber läßt sich nicht dasselbe sagen. Es war bei der Leichtigkeit der Ehescheidung eine weitverbreitete Gewohnheit, sich von den Frauen, selbst nach langjähriger Ehe, lediglich deshalb zu trennen, damit sie ein Freund heirathen könne, und sie dann auch wohl nach dem Tode des zweiten Gatten wieder zu sich zu nehmen. Wenn Männer wie Cato so handeln konnten, so läßt das auf die Verbreitung von sittlichen Anschauungen schließen, die von den unseren grundverschieden sind. Einzelne Traditionen von unzüchtigen Mysterien, welche auch in Rom Eingang fanden, lassen uns ahnen, daß der Hintergrund, vor dem sich die glänzende klassische Periode abspielte, noch viel düsterer war.

Eine völlige Sittenverderbniß riß in den letzten Jahrhunderten vor Christus ein. In den Bürgerkriegen ging ein großer Theil des alten Adels zu Grunde, und dafür bereicherten sich eine Menge von Leuten aus den niebrigsten Schichten des Volkes bei den zahlreichen Proscriptionen. Diese Personen, welche ganz gewiß nicht zu den edelsten Elementen der unteren Stände gehörten, brachten, als sie mit der herrschenden Klasse in nähere Beziehungen traten und bisweilen sogar Familienverbindungen eingingen, Anschauungen mit, welche bisher nie an die Oberfläche des Volkslebens gedrungen waren. Auf diese Weise erfolgte in den römischen Sitten ein Umschwung, wie er so plötzlich und radical in der Geschichte ohne Gleichen ist. Die altrömische Zucht hatte sich auch auf die Frauen in ihrer ganzen Strenge erstreckt, es war für diese schon ein todeswürdiges Verbrechen gewesen, wenn sie beim Weintrinken ertappt wurden. Die beiden großen römischen Revolutionen waren nach der Sage wegen Verletzung der Frauenkeuschheit ausgebrochen. Die Römer hatten es sowohl unter dem letzten Könige Tarquinius Superbus wie unter den Decemvirn geduldet, daß unter ihnen ein Schreckensregiment aufgerichtet wurde, und daß zahlreiche Männer ohne Urteil und Recht ihr Leben verloren, aber sie empörten sich, als die Gewalthaber die Ehre eines Weibes antasteten. Bei diesem selben Volke geschah es um Christi Geburt, daß Frauen und Mädchen der vornehmsten Familien sich in der schamlosesten Weise prostituierten. Alle Strafandrohungen waren dagegen machtlos, und Augustus, der geglaubt hatte, der Wiederhersteller der Sitten werden zu können, erlebte in seiner eigenen Familie die ärgsten Scandale. Was unter den späteren Kaisern geschah, ist für einen modernen

Schriftsteller geradezu unbeschreiblich. Die scheußlichsten Ausgeburten einer bis zum Wahnsinn erhitzten Phantasie wurden damals zur That. Die beiden einander entgegengesetzten ethischen Anschauungen hatten sich nach langem Kampfe gegenseitig vernichtet und einem moralischen Nihilismus der schlimmsten Art Platz gemacht.

Dieselben feindlichen Ideen, wie bei den Indern, Griechen und Römern, erkennen wir, obgleich unter anderen Formen, auch bei den Slaven und Germanen.

Abhängig ist die Frau nach dem alten Rechte auch bei den Slaven; selbst in den Hochzeitsgebräuchen findet der Gedanke Ausdruck, daß sie in eine Art von Knechtschaft tritt. In der ersten Nacht hat nach einer uralten Sitte, die früher allgemein war und heute noch in Bauerngemeinden vorkommen soll, die Neuvermählte dem Gatten zum Zeichen ihrer Unterwürfigkeit die Schuhe auszuziehen. „Ich will den Sohn einer Magd nicht entschuhen," sagte nach Nestors Chronik die Tochter von Ragwald, als sie die Werbung des Fürsten Wladimir ablehnte. Auch die Vielweiberei, die bei einzelnen Großen, wie Wladimir, alle Grenzen überstieg, mußte die Stellung der Frauen drücken. Trotzdem waren in der slavischen Welt Charaktere möglich, wie die „heilige" Olga, jenes gewaltige Mannweib, das nach der russischen Sage unter schwierigen Verhältnissen mit fester Hand die Zügel der Herrschaft für ihren unmündigen Sohn ergriff und behauptete, aber sich nicht scheute, Gesandte lebendig zu begraben und tausende von Menschen heimtückisch ermorden zu lassen, um ihren getödteten Gemahl zu rächen. Gerade bei den Slaven tritt die Idee der Weiberherrschaft in ihrem Zusammenhang mit Sinnlichkeit und Grausamkeit besonders deutlich hervor. Ein neuerer Schriftsteller, Sacher-Masoch, giebt uns in den meisten seiner Werke eine poetische Darstellung der Art, wie sie noch heute im slavischen Volke fortlebt.

Was die Germanen betrifft, so wurde schon oben bemerkt, daß nach einer weit verbreiteten Anschauung allerdings dem Weibe eine höhere Weihe zukam, obgleich auch bei ihnen nach dem herrschenden Rechte die Frau in der Gewalt des Mannes stand. Die christliche Kirche stellte sich zu jener Idee nicht freundlich, sondern feindlich, und sah in denjenigen weiblichen Charakterzügen, welche den Alten göttlich erschienen waren, nur das Dämonische. Die Priesterinnen der Götter wurden zu Priesterinnen des Teufels, welche auf dem Blocksberg ihre Orgien feierten, die heiligen Frauen zu Hexen. Nur in der Verehrung der Jungfrau Maria erhielt sich Vieles von der alten Idee.

Noch einmal erhob sich der Frauencultus in dem Rittertum zur vollen Blüte. Es ist bekannt, daß der Ritterstand zu dem bei weitem größten Teile aus früheren Unfreien und Hörigen erwuchs. Die Nachkommen der Ureinwohner, welche vor Jahrhunderten von den eindringenden Indogermanen unterjocht worden waren und seitdem die niedrigeren Stände gebildet hatten, kamen jetzt wieder zu Ehre und Ansehen, und mit ihnen tauchten auch die alten Ideen auf, die lange Zeit in den Familien der Hörigen versteckt gehegt waren. Der Proceß bietet eine Analogie zu der socialen Revolution dar, welche in Rom durch die Proscriptionen der Bürgerkriege herbeigeführt wurde. Aber während in Rom gerade die gemeineren Elemente des niederen Volkes emporstiegen und, unfähig etwas Neues zu schaffen, lediglich eine vollständige Ausartung veranlaßten, war das Rittertum von Ideen getragen, denen sich der sittliche Gehalt nicht absprechen läßt, wenn es auch zu vielen Ausschreitungen kam, die in den gefärbten Darstellungen der neueren Zeit meistens nur allzu sehr in den Hintergrund treten.

Nach dem Niedergange des Rittertums nahmen die Frauen ihre frühere Stellung wieder ein und haben sie bis auf die heutige Zeit behalten. Aber auch jetzt noch sind für Denjenigen, der schärfer beobachtet, die alten Gegensätze wohl erkennbar. Die Frau tritt freilich in den Stand und in die Familie des Mannes ein, und während sie noch im sechszehnten oder siebzehnten Jahrhundert ihren Mädchennamen weiter trug, nimmt sie bei uns den Namen und nach einer weit verbreiteten Sitte sogar den Titel des Mannes an. Es ist ein Kennzeichen der verheirateten Frau, daß sie den Namen des Vaters abgelegt hat; die Neuvermählte unterschreibt das Protokoll des Standesbeamten zum ersten Mal mit dem neuen Namen, und wenn der Prediger sie nach manchen Kirchenordnungen noch mit dem Namen des Vaters anredet, so liegt darin ein absichtliches Ignorieren des vorangegangenen civilen Actes. Aber trotzdem bleibt die Frau auch juristisch im Zusammenhang mit ihrer bisherigen Familie, wie sich namentlich im Erbrecht zeigt. Es ist auch interessant, zu beobachten, wie das Rangverhältniß der Geschlechter schwankt. Im Salon nimmt die Frau, in der Kirche und dem Gerichtssaale der Mann die erste Stelle ein. Die Verlobungsanzeige nennt zuerst die Braut, die Heiratsanzeige zuerst den Gatten; nur Kirche und Standesamt lassen auch in der Zeit der Verlobung für ihre Anzeigen das Gesetz der Galanterie nicht gelten.

Die politischen Rechte sind den Frauen bis in die neueste Zeit durchweg vorenthalten, und wo die gewöhnliche Familienordnung herrscht, haben sie keinen Sinn, da sie vermutlich nach Anweisung der Väter oder Ehemänner ausgeübt werden würden, soweit es nicht etwa den Geistlichen gelänge, Einfluß darauf zu erhalten. Aber freilich gehen die auf Frauen-Emancipation gerichteten Tendenzen sehr viel weiter, indem sie in ihren letzten Folgerungen Weiber- und Gütergemeinschaft erstreben. Würde eine Vorkämpferin der Frauen-Emancipation ihre letzten Wünsche sich selbst und dem Publikum ohne jeden Rückhalt klarlegen, so würden sie dem sehr ähnlich sein, was Plato in seiner „Politik" forderte, und würden auch thatsächlich auf denselben uralten Anschauungen über die natürliche Bestimmung des Weibes beruhen. Was vor zweitausend Jahren gedacht und gewollt wurde, eröffnet uns das Verständniß für die Ideen, die noch heute die Welt bewegen.